BADMINTON
バドミントン
動きの質を高める
48メニュー

ホセマリ式
シャトルを打つ前に
やりたい大切なこと

プロバドミントントレーナー
藤本ホセマリ

バドミントンは、ラケットを使ってシャトルを打ち合うスポーツです。年齢や性別を問わず手軽にプレーできて、各カテゴリーの全国大会もある。楽しみ方の幅がとても広い競技と言えます。

私は実業団や日本代表としてプレーした後、現在はバドミントントレーナーとして活動しています。ジュニアからシニア、大学生やレディースなど、さまざまなカテゴリーでコーチ活動や講習会を行い、「もっとうまくなりたい！」という思いを受け止めてきました。また、自分が参加した練習会や講習会などで、「どうしたら、そんなショットが打てますか？」と質問されることもあります。

その中で感じたのは、いきなり技術的なことを教えても、ほとんどの人がすぐにはできない、ということでした。

腕や足をこうやってみてくださいと説明して、「なるほど！」と頭でわかってもらえても、体が動いてくれない。「けっこう難しいんですね」で終わってしまうことが、とても多かったのです。

上達するために、まずは体の自由度を上げるべきではないだろうか——。

運動能力が上がれば、頭で描いたことがスムーズに体現できるようになる。そのうえで技術的な指導をする。それが上達への

近道だと気がつきました。

　私の講習会では、シャトルを打つ前に、体を動かすメニューをやります。ハードなものではありませんが、しっかり体を動かせるようにしてから技術練習に入ると、明らかに上達が早いのです。もちろん、急に何かができるようになるわけではありません。ただ、「なんだか動きやすい」と実感する人はいますし、私から見ても、プレーがよくなっていくのがわかります。

　試合で勝つためには、技術と戦術、どちらも必要です。しかし、技術がないと、戦術の幅は広がりません。

　この本では、技術力向上の土台、「動ける体」になるためのメニューを紹介しています。誰でもできるものを選んだので、まずはチャレンジしてください。

　体育館に行けない日は、自宅でストレッチや素振りトレーニング。日々できることを積み重ねて、「動ける体」を手に入れましょう。

　この本を手に取ってくださったみなさんが、いまよりもっともっとバドミントンを楽しめることを、心から願っています。

プロバドミントントレーナー
藤本ホセマリ

CONTENTS

CONTENTS

本書の使い方

▼ 第2章

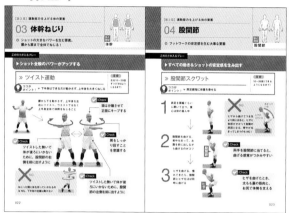

◀第1章で「バドミントン上達のための5ステップ」を学んだら、体を動かすメニューへ。第2章では、すべての基本となる動きを紹介。背骨、体側、体幹（ねじり動作）、股関節、肩関節を、しっかり動かすことをマスターする。「効く部位」「ココがポイント！」「この動きが入るプレー」「Check」を意識することで、効果とモチベーションが高まる。

▼ 第3章

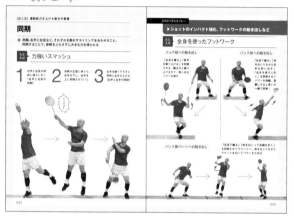

◀第3章では大事な動きの要素「同期」「連動（運動連鎖）」「分離と協調」「体軸と重心」を学ぶ。それぞれの動きが入ったプレーを具体的にあげているので、より理解が深まる。コートの中を動き、シャトルを打ちながら、自分の体をしっかりコントロールできることをめざす。

▼ 第4〜10章

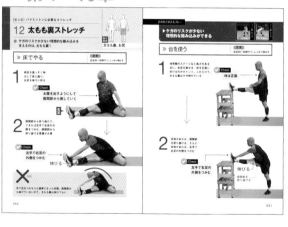

◀第4〜10章は、実際のトレーニング、ストレッチメニュー。どんなプレーにつながっていくのか、多くは写真入りで示しているので、イメージしながらやること。「効く部位」と「ココがポイント！」「Check」も意識して取り組めば効果が高まる。巻末の第11章は、著者が本書の内容から抽出して、「練習前」「試合前」など状況に合わせたメニューを作成した。チームや個人でぜひ活用してほしい。

▼ 本書内の矢印について

⟶　次のポーズに進む
（その場で行う動き）

⟹　次の位置に進む
（進みながら行う動き）

第**1**章
バドミントン上達のための
５ステップ

バドミントンがうまくなりたいと願う人が直面するのが、
「何からやればいいのだろう」という悩み。
いまの自分に足りないものは何か。何をやればいいのか。
「バドミントン上達のための５ステップ」で、
一つずつ前に進んでいこう。

うまくなるには5ステップが必要

▶ 「うまくなりたいけど、何からやればいいのかわからない」――。
そんな悩みを解決する5ステップを紹介！

バドミントンがうまくなるためには、思い通りに動ける体を作ることが大事。運動能力が上がれば、教わったことや思い描いたことがスムーズに体現できます。

そのうえで、技術的な練習をすることが上達への道と考えています。
私が考える、バドミントン上達のためのステップは5段階です。

Step❶ **体幹の可動域を広げ、柔軟性を高める**

Step❷ **可動域を大きく使いながら、筋力をつける**

Step❸ **コーディネーション能力、協調性を高める**

Step❹ **瞬発性、スピードを高める**

**体の自由度を高め、
思い通りに体を動かせる**

Step❺ **技術、戦術を磨く**

Step❶

体幹の可動域を広げ、柔軟性を高める

まずは、体幹（右下写真参照）を中心とした体の可動域（動かせる範囲）を広げて、体の自由度を高めること。たとえば、「もっと胸を開いて、腕をムチのように動かして！」と言われても、体現できなければ、指導された意味が薄れてしまいます。

バドミントンに必要な部位の可動域を広げることが、上達のための第一歩です。

Step❷

可動域を大きく使いながら、筋力をつける

広くなった可動域を使いながら、筋力をつけていきましょう。動かせる範囲が広ければ、パワーも出しやすくなります。ここを飛ばして、可動域に耐えられる筋力がないまま練習すると、故障につながることがあります。筋肉強化とケアを忘れずにやりましょう。

Step❸

コーディネーション能力、協調性を高める

その次に高めたいのが、コーディネーション能力、協調性です。

たとえば、腕と足を動かすタイミングを合わせたり、体幹から腕先まで連動させるなど。体幹をぶらさずに強いショットを打つ、キレのあるフットワークといった動きは、ベースとなるこの力あってこそできるのです。

Step❹

瞬発性、スピードを高める

体の自由度を上げる最後の仕上げとして、瞬発性やスピードを加えます。バドミントンにおいて、動き出しのスピードやコンパクトに打つ強いショットの重要な要素です。

Step❺

技術、戦術を磨く

この本では紹介していませんが、体の自由度が高まり、筋力やスピードもついているから、ショットの種類が増え、戦術の幅が広がる。そして、勝利へと近づいていくのです。

━ 体幹はココ！ ━

「体幹」について、難しい定義はありますが、この本においては、「頭と手足以外」とします。主に動かすのは、背骨、体側、体幹（ねじり）、肩関節、股関節です。

背骨(体の後ろ側)　　肩関節

体側　　　　　股関節

▢ … 体幹

「バドミントン上達のための5ステップ」と本書の内容を結びつける

▶ ここまでの説明を踏まえて、各章のポイントを解説。
メニューに取り組む前に、しっかり理解を深めよう！

　本書の内容を理解し、より意識を高めて取り組むために、第2章からの内容と、「バドミントン上達のための5ステップ」の関係を示します。

第2章
運動能力を上げる体の要素

　運動するとき、私たちは体の中心である体幹からパワーを出しています。手先だけでは強いショットは打てないし、コントロールも安定しません。

　大きなパワーを生み出す体幹をしっかり使いこなすことで、力強く安定したショットが打てるようになります。体幹から肩、ヒジ、手首、指と順番に使っていけば、ショットの途中でタイミングがずれることがあっても、どこかで微調整できます。手先だけで打つとミスが多くなるのは、調整に使える部分がほとんどないからです。足については、股関節にしっかり乗ることで、パワーの出力がまったく違います。

背骨、体側、体幹（ねじり）、股関節、肩関節をしっかりコントロールしながら、大きく動かすことを身につける。すべての動作のベースと言える部分です。

第3章
運動能力を上げる動きの要素

体を自由に動かすためには、動きの要素を知ることが大事です。この章では、特に重要度の高い4項目「同期」「連動（運動連鎖）」「分離と協調」「体軸と重心」について解説しています。実際のプレーに当てはめながら理解しましょう。

これらは、一つひとつの部位を分離させて同時に動かしたり、連動させたりしてパワーを生み出すもの。体幹から動かして、コーディネーション能力へとつなげ、よりよいプレーを体現します。

第4章
バドミントンに必要なストレッチ

練習前後にこれだけはやってほしい、バドミントンに特化したストレッチ。ターゲットは、背骨、体側、腸腰筋、体幹（ねじり）、股関節、太もも裏、胸筋、肩。体幹を中心に、あらゆるショットやフットワークにつながる部分です。しっかりほぐすことで故障予防だけでなく、プレーの向上につながります。

練習前はそれぞれの秒数を少し短めに。練習後や風呂上がりなど、時間をかけてゆっくりやる場合は、可動域を広げることを強く意識してください。

第5章
ウォーミングアップの動的ストレッチ

体の可動域を広げながら動きを入れることで、筋力トレーニングの要素が加わります。また、練習前に静的ストレッチをやりすぎると、副交感神経に作用して力が抜けてしまうことがあります。少し汗をかくぐらいの動作を入れて、しっかり動ける準備をしましょう。特に、太もも裏を刺激すると、身も心も引き締まります。自分の体で実感してください。

第6章
バランストレーニング

体を思いきり動かしながら、左右のバランス量と力量を合わせる。そのためには、体の軸を安定させることが必要です。たとえば、右手と左足を同期（タイミングを合わせる）させながら動かす。ヒザを曲げないで背骨だけ動かす。体の軸を安定させることで、体がぐらつくことなく大きく動かせます。バドミントンに当

バランス感覚は人に教えられて身につくものではない。自分にとってのベストを体で感じて覚えていく

てはめると、目線を動かさず、体を大きく使うプレーができるということです。

バランスはトレーニングで身につけ、磨いていける能力です。「この場面では、下半身と上半身のバランスと力量、これぐらいがベストだ」と意識するのではなく、無意識にスッと動けるようになるのが理想。体の軸やバランス感覚は、他人が教えられるものではありません。自分にとって一番いい感覚をつかみ、向上させましょう。

第7章
同期ウォーキング

歩くという人間の基本動作。走るより簡単なところで、上半身と下半身を同期、連動させます。なかなか上達しないと悩む人の多くは、上半身と下半身の同期や連動がうまくできていません。体幹のね

ウォーキングもトレーニングになる！ 苦手な人が多い「体幹のねじり」 も歩きながら身につけられる

じりや体側に刺激を与える動作を入れながら、体全体のコーディネーションへとつなげましょう。

フットワークが苦手な人は、このメニューをこなすことで感覚をつかめます。たとえば、後ろに下がるのが苦手な人は、しっかり腕を振る、体幹をねじるといった動作を体にインプットしながら歩くことで、コートの中でスッと動けるようになっていきます。歩くという日常的な動作から、バドミントンへとアプローチしていけるのです。

第8章
基本ステップ

フットワークはステップの組み合わせです。その中でも一番多く使われているのがサイドステップ。前後の動きで使うツーステップも、サイドステップの延長です。厳選した7種類のステップを体に覚え込ませることで、コート内を素早くスムーズに動くことができます。

大人のクラブではやらないことが多いようですが、体に染み込むまでやると、フットワークがスムーズになっていくのがわかります。足をしっかり使うので、脚力アップにもつながります。世代を問わず、すべての人に取り組んでほしいメニューです。

また、左右交互に小刻みに足踏みをする「タッピング」、両足同時に小刻みにジャンプする「タップジャンプ」を身につけることで、フットワークの動き出しが向上します。

第9章
動き出しステップ

　バック前、フォア前、バック奥（ラウンド）、フォア奥、左サイド、右サイド、6方向への動き出しは、それぞれ違います。頭で考えるのではなく、とっさにパッと動き出せるように。コート内での動きに特化した実戦的なステップを、体に染み込ませることが必要です。

　動き出しがスムーズになることは、スピードアップにもつながります。また、バドミントンに特化した筋肉に刺激が入り、脚力アップの効果もあります。コートがなくてもできるので、試合を意識しながら日々取り組んでください。

第10章
素振りトレーニング

　この本で唯一、ラケットを振る章。意識するのは、腕を振るのではなく「ラケットを振る」ということです。

　腕の力を使ってラケットを振ってもシャトルは飛びます。ただ、それよりも肩の内旋（肩を内側に巻き込むような動き）や、ヒジの回内（手のひらが下を向くように腕を回転させる）、回外（手のひらが上を向くように腕を回転させる）といった動きを使うことを覚えたい。その感覚をつかむための素振り、それが「素振りトレーニング」です。この本では足や体を使うメニューと、体は静止したまま、ラケットだけビュンビュン振るメニューを紹介しています。

「ラケットを振る」感覚はジュニア世代から覚えたい。大人も体得できるので、あきらめずにチャレンジ！

　なぜ、腕を振らないようにするかというと、腕全体を思いきり振ると体幹がぶれるからです。ジュニア選手が腕から思いきり振ったあと、体勢を崩すシーンをよく見ます。年齢が上がれば筋力で持ちこたえられますが、レベルが上がれば一瞬の崩れが命取りになる。体幹を安定させた状態でラケットをスパッと振ることは、ぜひ身につけたい技術です。

　また、体幹を使う、手足を連動させる、同期させるといった、2〜9章の内容もたくさん入っています。トレーニングの集大成として取り組んでください。

　巻末の第11章は、状況に合わせたメニューの組み合わせ例です。日常生活でよくあるパターンを想定しているので、ぜひ活用してください。

第2章
運動能力を上げる
体の要素

Step❶ 体幹の可動域を広げ、柔軟性を高める

体幹の要素である背骨、体側、体幹（ねじり）、股関節、肩関節を、
自分の思い通りに動かせれば、
ショットの質やパワーが上がり、プレーの精度も高まる。
すべての動きの基本となる体幹を意識して、しっかり動かせるようになりたい。

01 背骨を反る、丸める

▶ バドミントンのあらゆる動きを生み出す要素

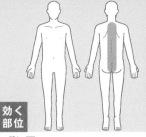

効く部位
背骨

≫ キャット＆ドッグ

目安
10〜20回（できるようになるまで）

💡 **ココがポイント！**
　▼ お尻の位置を変えず、背骨だけ大きく動かす
　▼ 背中を丸めるときは、腹筋に力を入れない

1 両手を肩の真下について床に四つ這いになる。脇の下の角度、腰の角度、ヒザの角度は90度

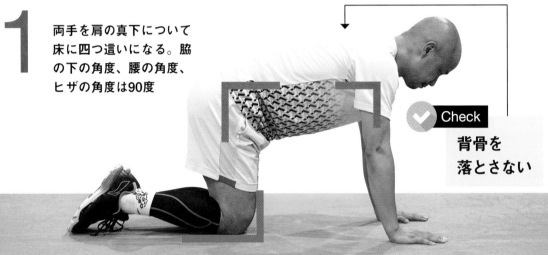

Check
背骨を落とさない

2 背骨を丸めて「キャット」のポーズ。目線はヘソへ

Check
お尻の位置を動かさない

Check
腹筋に力を入れない

▶ すべてのフットワーク&すべてのショットの質を上げる

NG

肩とお尻の位置が動くのは
NG！　力まず背骨だけを「丸
める→反る」をくり返す

✔ Check

肩とお尻を動かさず背骨だけ反らす

3 背骨を反らして「ドッグ」
のポーズ。目線は斜め上へ

02 体側のばし

▶ 腕の可動域が広がり、
楽に強いショットが打てるようになる

効く
部位

体側

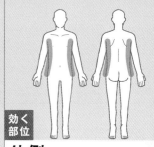

≫ リーチング動作

目安

左右10〜20
回ずつ（でき
るようにな
るまで）

💡 **ココが
ポイント！** ▼ 頭の位置をできるだけ変えず、体側をしっかり伸ばす

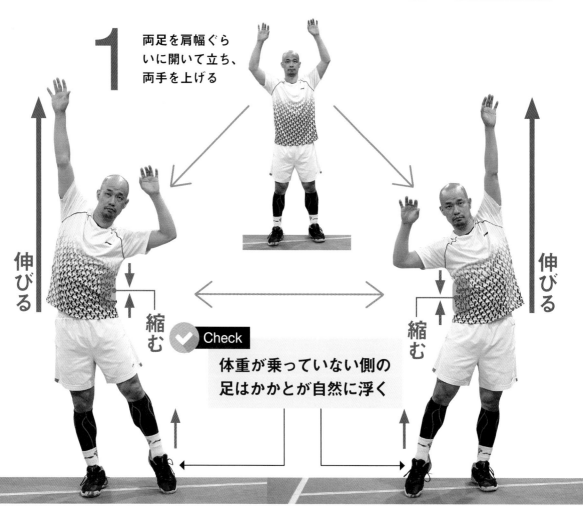

1 両足を肩幅ぐら
いに開いて立ち、
両手を上げる

伸びる

縮む

✔ Check

**体重が乗っていない側の
足はかかとが自然に浮く**

伸びる

縮む

2 右足に体重を乗せて右手を
上げる。右の体側が伸びる
と、左の体側が縮む

3 左足に体重を乗せて左手を
上げる。左の体側が伸びる
と、右の体側が縮む

▶ オーバーヘッドストロークの打点が高くなる
▶ シングルス・ダブルスのレシーブの安定感アップ！
▶ ネット前への踏み込みがスムーズになる

≫ 肩スライド

目安
左右10〜20回ずつ（できるようになるまで）

💡 ココがポイント！ ▼ 下半身は動かさず、肩の高さを水平に保って左右にスライド

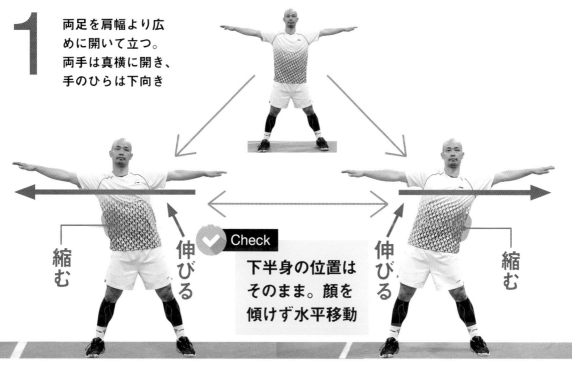

1 両足を肩幅より広めに開いて立つ。両手は真横に開き、手のひらは下向き

縮む　伸びる

Check
下半身の位置はそのまま。顔を傾けず水平移動

伸びる　縮む

2 腰から下を動かさず、肩だけ水平に右移動。肩ではなく体側を動かしてスライドさせる

3 腰から下を動かさず、肩だけ水平に左移動。肩ではなく体側を動かしてスライドさせる

✕ NG

体が斜めに傾くのはNG！

体重移動してしまうのはNG。体重移動しない範囲で、できるだけ大きく動かす

03 体幹ねじり

▶ ショットの大きなパワーを生む要素。
腰から肩まで全体でねじる！

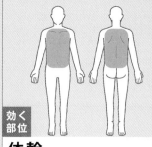

効く
部位

体幹

この動きが入るプレー

▶ **ショット全般のパワーがアップする**

≫ ツイスト運動

目安

左右10〜20回
ずつ（できるよう
になるまで）

💡 ココが
ポイント！ ▼ 下半身はできるだけ動かさず、上半身を大きくねじる

腰から下を動かさず、上半身を左
右にツイスト。ウエストではなく
上半身全体で体幹をねじること

✅ Check

**頭は分離させて
正面にキープする**

✅ Check

**肩をしっか
り回すこと
を意識する**

✅ Check

ツイストした勢いで
体が後ろにいかない
ために、股関節の右
側を前に出すように

❌ NG

ねじった側に体を持っていかれるの
は NG。下半身の位置は動かない

✅ Check

**ツイストした勢いで体が後
ろにいかないために、股関
節の左側を前に出すように**

04 股関節

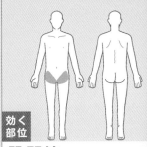

効く部位
股関節

▶ フットワークの安定感を生む大事な要素

この動きが入るプレー

▶すべての動き＆ショットの安定感を生み出す

≫ 股関節スクワット

目安
10〜20回（できる
ようになるまで）

💡 ココが
ポイント！ ▼ 両足親指に体重を乗せる

1 両足を肩幅ぐらい
に開いて立つ。重
心は体の真ん中

❌ NG

丸まっている

ヒザが
出ている

ヒザから曲げてつま先
より前に出ると、ヒザに
負担がかかって故障の
原因となる。背中が丸
まってしまうのも NG！

2 股関節を曲げる。
背中を反って、お
腹を前に出しなが
ら曲げるのがコツ

股関節

 Check

**両手を股関節に当てると、
曲げる感覚がつかみやすい**

3 ヒザを曲げる。慣
れてきたら、股関
節とヒザをほぼ同
時に曲げる

ヒザ

✓ Check

**ヒザを曲げたとき、
太もも裏の筋肉と、
お尻で体勢を支える**

≫ ランジ

目安

左右10〜20回
ずつ（できるよ
うになるまで）

💡 **ココが
ポイント！** ▼ 体を正面にして真っすぐ倒す

1 右足を前に出して、つま先はやや外向き。体
は真っすぐ前に向ける。後ろにある左足は、土
踏まず側を少し前に向けてバランスを取る

2 股関節を折るようにして曲げる。
腰を入れるためにお腹を出し、
背中が丸くならないことも意識

✓ Check

体を正面に向ける

股関節

≫ サイドランジ

目安

10〜20回
（できるよう
になるまで）

💡 **ココが
ポイント！** ▼ 移動する側の足の親指に体重を乗せ、ヒザを外側に出さない

1 両足を肩幅より広めに開
いて立ち、両足股関節に
しっかり体重を乗せる

2 体重を右に移動。
右の股関節を折っ
て体重を100パー
セント乗せる

✓ Check

**頭は分離さ
せて正面を
キープする**

✓ Check

**左足の力を抜き、
左手は体の前**

3 股関節を曲げてからヒザを曲げる。お尻、もも裏で踏ん張り、ヒザに体重をかけないこと

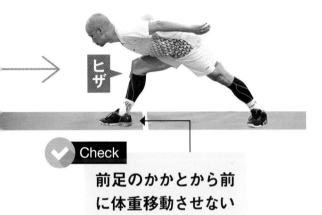

ヒザ

✓ Check

前足のかかとから前に体重移動させない

✕ NG

背中が丸まって頭が下がったり、ヒザが足首より前にいくのは NG。股関節を曲げることを強く意識する

3 体重を左に移動。左の股関節を折って体重を100パーセント乗せる

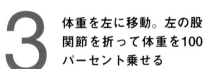

✓ Check

右足の力を抜き、右手は体の前

✕ NG

ヒザが外側に逃げるのは NG！親指に体重が乗っていないと、ヒザが外側に出て安定しない

05 肩の回旋

◉ コンパクトに強く打つために大事な要素

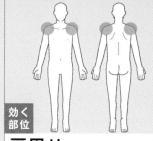

効く
部位
肩周り

≫ 肩ぶらぶら回旋運動

目安
30〜50回（で
きるようになる
まで）

💡 ココが
ポイント！　▼ 肩から動かす感覚をつかむ

1 両足で立って少し
前傾。体の前にあ
る両腕の力は抜く

2 腕をダランとさせ
たまま、肩を内旋
（内側にひねる）

✓ Check
ヒジが外側を向く

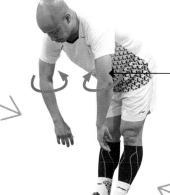

3 両腕の力を抜いた
まま、肩を外旋（外
側にひねる）

✓ Check
**力んで肩周りの大
きな筋肉を使うので
はなく、インナーマ
ッスル（体の内側
の筋肉）で動かす**

✓ Check
ヒジが内側を向く

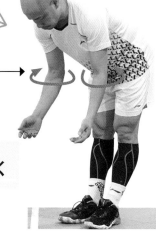

▶ クリアー、スマッシュ、レシーブ、ロブなど、
強打の威力がアップ！
▶ オーバーヘッドのバリエーションが増える

≫ 肩の回旋運動

目安
利き腕で30〜50回
（できるようになるまで）

💡 **ココが
ポイント！** ▼ 手首とヒジの真ん中を支点に動かす

1 右腕を肩の高さぐらいにして、
ヒジを90度に曲げる

2 ヒジと手首の間を支点にして、力を抜
いた状態で肩を動かす。慣れないうち
は、左手を当てたまま支点として OK

✓ Check
ココが支点

参考

うまくできない場
合は、右ヒジと手
首の中間地点に左
手を当てて動かす。
このとき、左手の
位置は動かない

✓ Check
**肩関節の内旋・外旋を意
識。「肩の力を抜くから動
く」という感覚をつかむ**

NG
このメニューではヒジを支点
に動かすのではない。肩を動
かそうと力を入れないこと

06 股関節の回旋

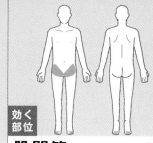

▶ 低い姿勢を保ちながら速く動くための要素

効く部位
股関節

≫ 股関節の回旋運動

目安
左右30〜50回ずつ（できるようになるまで）

ココがポイント！ ▼ ヒザを支点に動かす

1 椅子に浅めに腰かけて、右足を浮かせる

2 浮かせた右足はヒザを支点にして、できる限り外側に振る

 Check

ヒザが支点だが、動くのは股関節。回旋運動を意識してスイング！

▶前への動き出しと、サイドステップの質アップ！

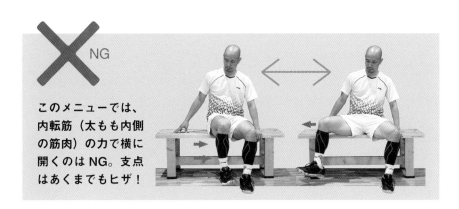

NG

このメニューでは、内転筋（太もも内側の筋肉）の力で横に開くのはNG。支点はあくまでもヒザ！

3

ヒザを支点にして、
できる限り内側に振る

✓ Check

**股関節の可動域に左右差が
ある場合は、大きく動く側の
足に合わせるように動かす**

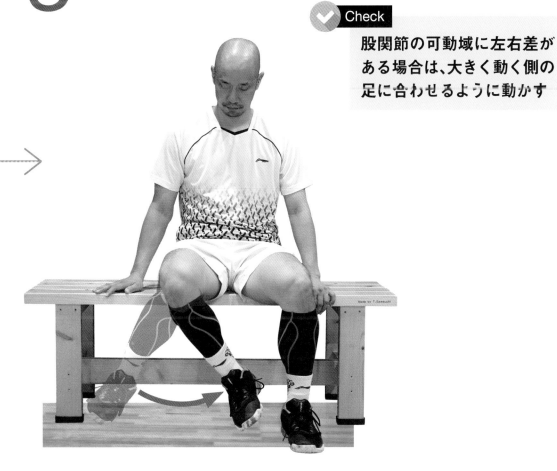

第3章

運動能力を上げる
動きの要素

ここでは、バドミントンにおいて特に重要度の高い動き、
「同期」「連動（運動連鎖）」「分離と協調」「体軸と重心」を解説。
いずれも基本となるのは「体幹」なので、
第2章の内容を踏まえて、理解を深めたい。

同期

▶ 両腕、右手と左足など、それぞれを動かすタイミングを合わせること。
同期することで、体幹をぶらさずに大きな力を得られる

たとえば ▶ 力強いスマッシュ

1 右手と左足を同時に後ろに引く（右手と左足の同期）

2 体幹が正面に来たら、右手を下に、左手を上に同期させていく

3 右手を振り下ろすと同時に左手が上がる（右手と左手の同期）

インパクト

▶ショットのインパクト強化、フットワークの動き出しなど

たとえば 全身を使ったフットワーク

フォア前への動き出し

「左足を蹴る」「両手を振り上げる」を同期させる。蹴る力と振り上げる力で、前に出るパワーを増す

バック前への動き出し

「右足で蹴る」「体をねじりながら右手を前に出す」「左手を後ろに引く」を同期させてパワーを増幅。言葉にすると長いが一瞬で同期！

バック奥（ラウンド）への動き出し

「右足で蹴る」「体をねじって右腕を引く」を同期させてラウンドへ。体をねじりながらラケットを引いてパワーをためる

連動（運動連鎖）

▶ 体の中心部（体幹）から腕先や足先に向かって
順に動かしてパワーを生み出す動き

たとえば ▶ **力強く飛ばすクリアー**

1 右の股関節に体重を
100パーセント乗せる

2 股関節が先に前を
向きはじめる
（上半身はまだ横
を向いている）

3 テークバック
（右手と左足が同期
＝32ページ参照）

体幹ねじり
（下部）

体幹ねじり
（上部）

力のスタート地点（右の股関節）

▶クリアー、スマッシュ、レシーブ、ドライブなどの強打

4 肩→ヒジ→手首の順に前に出る（ラケットはまだ体の後ろ）

肩のスイング

5 インパクト（最後にラケットが出てくる）

肩の内旋

6 振り下ろす（右手と左手が同期＝32ページ参照）

回内・手首のインパクト

分離と協調

▶ 体の一部分だけを動かす動き

たとえば ▶ 安定したレシーブ

フォアサイド

2 右の股関節に乗ってフォアサイドでレシーブ。上半身と下半身が一緒になって、右に流れていかない。顔が平行移動するように、肩だけ動かして調整

1 構えたときは、左右の股関節に均等に体重が乗っている

 Check

頭の高さはできるだけ変えない

▶頭をぶらさずにスマッシュやレシーブをする！

✓ Check

激しいプレーの中でも、首から上を分離して動かさないこと。首から上にある頭が動けば目線がぶれてしまい、相手の動きを正確にとらえることができない。目線を平行移動するのはOKだが、上下や斜めに目線がぶれるとミスにつながってしまう。

バックサイド

1 構えたときは、左右の股関節に均等に体重が乗っている

2 左の股関節に乗ってバックサイドでレシーブ。上半身と下半身が一緒になって、左に流れていかない。顔が平行移動するように、肩だけ動かして調整

体軸と重心

▶ 体軸とは、体をねじるときに軸となる背骨の位置。
重心とは、体のバランスを取る位置のこと

たとえば ▶ 体軸を意識した動き

右への跳びつき

左サイドのレシーブ

✔ Check

体軸に合わせて
体をねじる

背骨を中心とした体軸は、必ずしも垂直ではなく、斜めに反ったり、左右に傾いた状態にもなる。「背骨に沿って体を動かす」を意識することで、どの体勢からでもショットが安定する。

▶フットワークでスムーズに動き出せ、狙いすましたショットが打てる！

たとえば 重心を意識してどこにでも動き出せる構え

1 リアクションステップ（両足ジャンプ）

2 両足同時に着地

重心

同時

3 両足着地から左右の股関節に均等に乗る。両足の形や位置、つま先の向きまで左右対称がベスト。体軸と重心を体の真ん中にキープすることで、どの方向にもスムーズに動き出せる

NG

右ヒザが内側に入っている写真の構えは、体の右側への対応が遅れる原因に。体のクセがないか写真や動画でチェックして、左右均等に構えられるように修正を！

第4章
バドミントンに
必要なストレッチ

Step❶ 体幹の可動域を広げ、柔軟性を高める

あらゆるプレーを支える体幹や太ももをほぐすストレッチは、
故障予防と同時に、パフォーマンス向上にもつながるので、
練習、試合後のクールダウンとしても活用してほしい。
副交感神経に作用して、体がだるくならないように、
練習前は 10 ～ 15 秒程度にしておくといい。
練習後や寝る前は 30 秒程度じっくり伸ばし、
可動域を広げることを意識する。

07 背骨を反るストレッチ

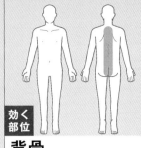

効く部位
背骨

▶ 背骨の上部と下部でやって全体を柔らかくする

≫ 2人でやる

目安
①背骨の上部（肩甲骨の下）、②背骨の下部（お尻の上）各30秒

①背骨の上部（肩甲骨の下）

1 補助者は床に寝て両ヒザを曲げる。補助者の足の上に座り、肩甲骨の下を両ヒザに当てる

2 補助者の両ヒザの上に肩甲骨の下を当てて仰向けになる。なるべく力を抜いて、両手は頭の後ろで組む

補助者

②背骨の下部（お尻の上）

2 ①と同じ要領で、お尻の上を補助者の両ヒザに当てて仰向けになり、両手を開く

3 余裕があれば両足を遠くに伸ばす

▶すべてのフットワーク&すべてのショットの質を上げる

3 なるべく力を抜いた状態のまま、補助者が両ヒジを下に引っ張る

4 余裕があれば両足を遠くに伸ばす

≫ 1人でやる

目安
20～30秒

両手を肩の真下について両足は脱力。お腹を下に押しつけるイメージで上を向き、背骨が反っていることを意識する

このストレッチの後は…
キャット&ドッグ（18ページ）で
背骨の動きを確認！

08 体側ストレッチ

▶ 左右差が出やすい部位なので、
　柔らかいほうに合わせてしっかり伸ばす

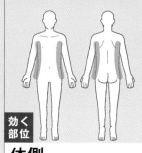

効く
部位
体側

目安
左右20秒ずつ、しっかり伸ばす

1 床に仰向けに寝る

2 右手で右ヒザを抱
える。下から腕を
通してヒジまでし
っかり抱えること

クリアー

スマッシュ

レシーブ

▶ 肩の回りがよくなる
▶ 遠心力がアップして
　強いショットが打てる
▶ レシーブの範囲（高低）が広がる
▶ 最後の1歩で前が届く

3

左手を上げて左ヒザを内側に倒す。左側の体側が伸びていることを意識

伸びる

左足

4

補助者がいるときは、左ヒザを地面に押しつけるようにしてもらう

補助者

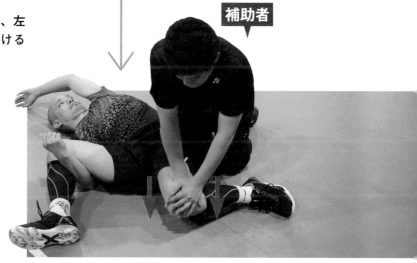

このストレッチの後は…
リーチング動作（20ページ）、肩スライド（21ページ）で、体側の動きを確認！

09 腸腰筋ストレッチ

▶ 腸腰筋を伸ばして股関節の詰まりを解消。
動きやすいフットワークに！

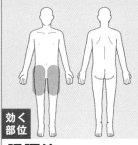

効く
部位
腸腰筋

≫ 2人でやる

目安
左右20〜30秒ずつ

1 床にうつ伏せに寝て、補助者
がお尻の上に座る。2人のお
尻とお尻がくっついた状態

補助者

2 補助者はお尻に体重をかけながら、片
方のヒザを持ち上げて引っ張る。床に
寝ている人は力を抜いて身を委ね、補
助者は様子を見ながら引っ張ること

▶ ラウンドで崩れない
▶ 前への踏み込みが広く深くなる

 ラウンド

 ネット際・バック

 ネット際・フォア

≫ 1人でやる

目安
左右20〜30秒ずつ

1 右足を前、左足を後ろに引いて立つ。体は正面を向き、目線は真っすぐ前

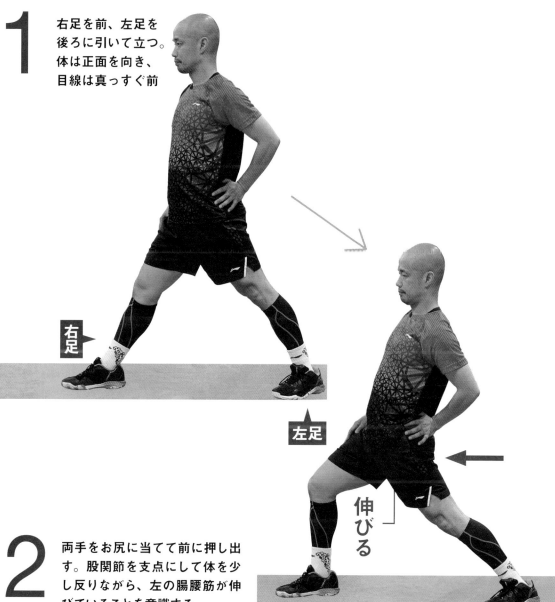

右足

左足

伸びる

2 両手をお尻に当てて前に押し出す。股関節を支点にして体を少し反りながら、左の腸腰筋が伸びていることを意識する

10 体幹ねじりストレッチ

▶ 体幹ねじりの可動域を広げて、大きな1歩、強いショットを！

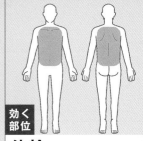

効く部位 **体幹**

この動きが入るプレー

▶コート奥への歩幅が出せる

 右への跳びつき
 左への跳びつき
 フォア奥

目安
左右40〜60秒ずつ

1 両手を真横に開いて床に寝る。両足は自然に開く

2 右足を左側に倒し、腰を前に出す

3 右手を斜め上に、右足を斜め下に、遠くをめざしてグーッと伸ばす。右足が浮いた状態でバランスを取りながら、体幹が伸びていることを意識

Check
右手の先から右足の先が斜め一直線

右手

伸びる

Check
骨盤を
右側に倒す

右足
（浮いている）

11 股関節の回旋ストレッチ

▶ 股関節の回旋がスムーズだと、サイドステップが速くなる

効く部位
股関節

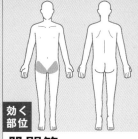

この動きが入るプレー

▶ サイドステップがスムーズになる

右への跳びつき

左への跳びつき

目安
左右20〜30秒ずつキープ
して、2〜3回ずつ動かす

1 床に座り、右ヒザを90度に曲げて左側に倒す

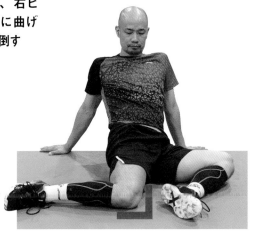
右足

2 左足かかとを右ヒザの外側に乗せる。体を正面にキープすることで股関節がよく伸びる

3 地面についた右足を支点にして、右足と左足を上下させる（2と3のくり返し）。上半身は正面をキープして、股関節から動かすことを意識

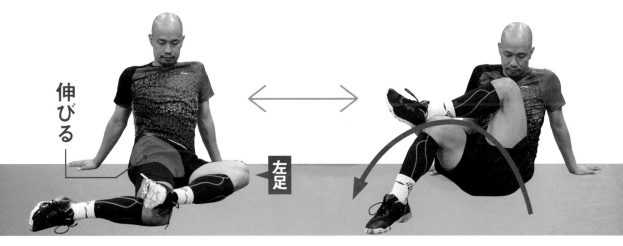
伸びる
左足

12 太もも裏ストレッチ

▶ ケガのリスクが少ない理想的な踏み込みを
支えるのは、太もも裏！

効く部位
太もも裏、お尻

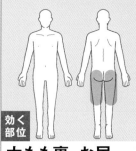

≫ 床でやる

目安
左右20〜30秒ずつ、しっかり伸ばす

1 両足を真っすぐ伸ばして床に座り、左足を後ろに折る

✓ Check
お腹を出すようにして股関節から倒していく →

右足

2 股関節から折り曲げて、できれば左手で右足の外側をつかむ。股関節から折り曲げる意識が大事

✓ Check
左手で右足の外側をつかむ →

伸びる

✕ NG

手で足をつかもうと猫背になった状態。股関節から曲げていないので、太もも裏は伸びづらい

▶ ケガのリスクが少ない
　 理想的な踏み込みができる

ネット際・バック

ネット際・フォア

≫ 台を使う

目安
左右20〜30秒ずつ、しっかり伸ばす

1

体育館のステージなど高さのある
台に、右足を乗せる。体を正面に
向けるのがポイント。これだけで、
太もも裏は十分伸びている

✓ Check

体は正面 ⟶

2

余裕があれば、股関節
を折り曲げる。さらに
余裕があれば、左手で
右足の外側をつかむ

✓ Check

**左手で右足の
外側をつかむ**

伸びる

股関節を
折り曲げる

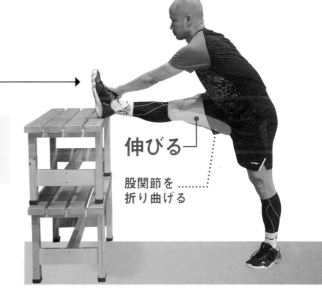

13 胸筋ストレッチ

▶ 肩を十分に開いてスムーズに振り抜くために、
胸周りの筋肉を柔らかくしておく

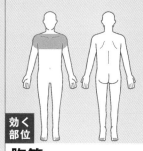

効く
部位
胸筋

この動きが入るプレー

▶ **力を使わず強く打てる**
▶ **ヒジの故障予防につながる**

クリアー

ラウンド

目安
左右20〜30秒ずつ

1
壁を横にして
真っすぐ立つ

2
体は前を向いたまま、右肩と
右ヒジを壁につけて体を開こ
うとする。脇の下とヒジの角
度は90度。足の向きは伸ばし
やすいように調節して OK

14 肩の回旋ストレッチ

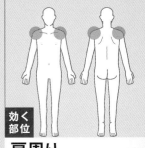

▶ ラウンドからのクロスショットや、
角度をつけるショット、レシーブなどが打ちやすくなる

効く
部位
肩周り

この動きが入るプレー

▶ **ラウンドから多彩なショットが打てる**
▶ **フォアサイドのバックハンドレシーブが**
スムーズになる

ラウンド

レシーブ・バック
ハンド／フォア側

目安

左右20〜30秒ずつ

1 両足を肩幅ぐらいに
開いて立って、右手
の甲を腰に当てる

2 右ヒジを左手で
前に引き寄せる

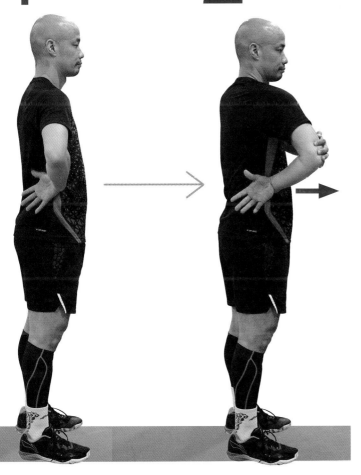

参考

右ヒジを左手でつかめない
人は壁を利用。右手の甲を
腰に当てて、壁に押してもら
いながら体を正面に向ける

体を正面に向ける

第5章
ウォーミングアップの動的ストレッチ

Step❶	体幹の可動域を広げ、柔軟性を高める
Step❷	可動域を大きく使いながら、筋力をつける

可動域を広げる第4章に対して、
筋力アップの要素も含む動的ストレッチ。
少し汗をかくぐらいの動作は、練習前のアップとして最適だ。
神経系にも刺激を与えるメニューなので、
集中した状態でフットワーク、シャトル打ちに入ることができる。

15 インチワーム

> 太もも裏と体幹に刺激を与えて、体を目覚めさせる動き

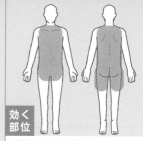

効く部位

背骨、体幹、股関節、太もも裏

目安
3〜5回

1 両足をそろえて立つ

2 腰を折って両手を地面につく

5 両手の位置まで、片足ずつ交互に前進。ヒザを曲げずに足首から先だけで進む

✓ Check

できるだけヒザを曲げない

1~4 足は動かさず
手で移動

5~7 手は動かさず
足で移動

3 両足はそのまま、
片手ずつ交互に前進

4 両手と体が伸びき
ったところで5秒
ぐらい静止する

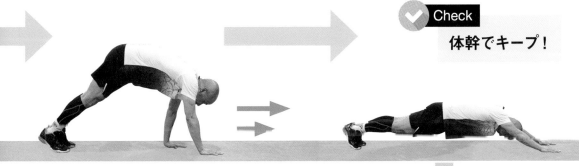

Check

体幹でキープ！

6 両足を両手のすぐ
近くまで移動して
から起き上がる

7 1の姿勢に戻る

16 片足バランス

▶ 太もも裏に刺激を与えながら、
股関節の柔らかさとバランス感覚をアップ！

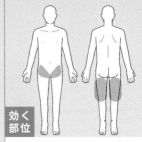

効く部位
股関節、太もも裏
（バランス感覚アップ）

1 両足を
そろえて立つ

2 右足一本で立って、左足は後ろ、
両手は前。右足を股関節から 90 度
に折り曲げて、左足と両手は床と
平行になるように真っすぐ伸ばす

目安
左右の足で5秒静止を3回

✓ Check

上半身と左足が一本の
棒であるように動かす

床と平行

左足

伸びる

右足

✗ NG

右足

慣れないうちは体が外
側に逃げてしまいがち。
しっかり真下を向いて、
床と平行をキープする

体が外向き

左足

≫ ドリンキングバード

目安
左右の足で10回ずつ

1 両手を台について、
片足バランスの体勢になる

床と平行

2 上半身を前に倒すと同時に、上げていた足
を高く振り上げる。股関節を支点にして、
体が一本の棒であるように動かすこと

✔ Check
少し背中を反らす

一直線

伸びる

✔ Check
ヒザを曲げない

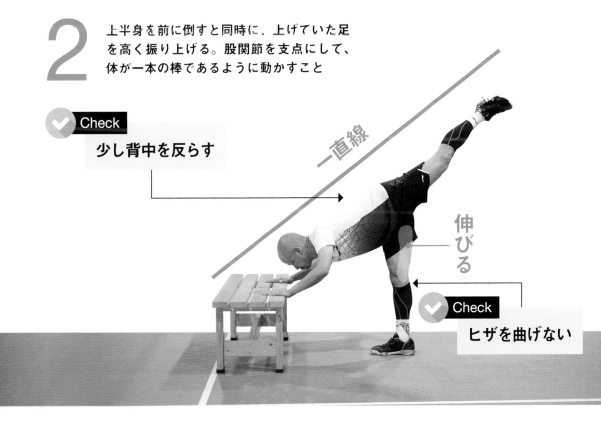

17 ランジスクワット

▶ 前足の股関節に乗りながら、
後ろ足の腸腰筋が伸びていくのを意識する

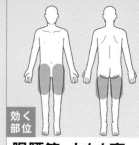

効く
部位
腸腰筋、太もも裏、股関節

目安
左右の足で10回ずつ

1 両足を前後に開いた「ランジ」の姿勢になる。
前足のつま先とヒザは真っすぐ前向き。前後の
足への荷重は50パーセントずつぐらいでOK

2 体を上下に動かす。軽くついた両手を支えにして、
前足の太もも（股関節）に体を乗せるのがコツ。
後ろ足の腸腰筋が伸びていることも意識する

伸びる

≫ ランジジャンプ

目安
左右の足で5回ずつジャンプ

1 60ページの正しいランジの姿勢になり、両手と前足を支えにして、前足の太もも（股関節）に体重を乗せる

✓ Check

前足の股関節に
体重を乗せる

2 後ろ足を浮かせる→着地をくり返す。前足の股関節にしっかり乗っているから、後ろ足を浮かせることができる

✓ Check

少し弾みをつけて、
リズムよく後ろ足を
上下に！

ジャンプ

NG

ヒザが足首より前に出ると、大きな負担がかかって故障の原因に！

ヒザが足首より前

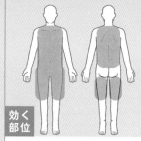

18 ランジツイスト

▶ 下半身を固定したランジの姿勢から、
体幹がねじられる感覚をつかむ

効く
部位

**体幹、腸腰筋、
太もも裏、股関節**

目安
左右5回ずつ

1 正しいランジの姿勢になる

2

右足の太ももに体を乗せてバランスを取り、上半身を90度開いて左手を真上にする。目線は顔ごと左手の先へ。続いて逆側に上半身を開いて、右手を上、左手を下に。下半身はそのまま、体幹だけがねじられる感覚をつかむ

左手

Check

**床についた右手から
左手が一直線!**

右足　右手

1 正しいランジの姿勢は、ヒザとつま先が真っすぐ前を向き、ヒザが足首より前に出ないこと。体が前足の太ももに乗ると、自然と股関節に乗ることができる

2 前足の太ももに体を乗せる＝股関節に乗ることで、バランスが安定。上半身を90度開いて体幹がねじられても、下半身がぐらつかない。目線は顔ごと上げた手先へ

3 下半身はそのまま、上半身を逆側に開き、床につく手と上に伸ばす手を入れ替える

左手

右手

✓ Check

**床についた手から
上げた手までが一直線！**

右手

左手

右足

19 腕立てランジ

▶ 深いランジの動きをスムーズにする動き

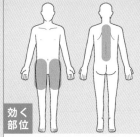

効く部位
腸腰筋、股関節、背骨

1 腕立て伏せの姿勢になる

目安
左右交互に20回

2 肩の位置はそのままで、左足を股関節から動かして左手の前につく。背骨の柔らかさも感じながら足を出すこと

💡 Point

かかとは手より前につくが、肩は前に出ないこと

左足

3 腕立て伏せの姿勢に戻る。
体幹を意識して腰が落ち
ないようにキープ

4 上半身は動かさず、右足を右手の前に出す。股関節から大き
く動かしながら、背骨の柔らかさも意識すると、スムーズに
前に出られる。リズムよく1〜4をくり返す

右足

✕ NG

肩が手首より前に
出るのはNG。背
骨をうまく動かし
て、足を前に出す

第6章
バランストレーニング

バランス感覚や自分の中の「軸」は、他人から教えられない。
簡単なトレーニングで自分の感覚をつかみ、
体を使いながら、安定してプレーできるようになろう。

20 つま先立ちスクワット

▶ かかとを全力で上げた不安定な体勢で、
体の重心を強く意識する

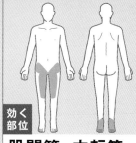

効く
部位
股関節、内転筋、足裏

💡 ココが
ポイント！

▼ バランスを取るときは、
仙骨（骨盤中央にある骨）を動かすように
「腰でバランスを取る」を意識

目安

ゆっくり5回（腰で
バランスを取る感覚
をつかみながら）

1 両足を肩幅ぐらいに
開いて立ち、かかと
を全力で上げる

2 かかとを上げたまま、重心が体の真
ん中にあることを意識して、ゆっく
りしゃがむ→立ち上がるをくり返す。
かかとは常に全力で上げておくこと

✓ Check
体の重心を意識！

✓ Check
**両足の親指に
体重を乗せる**

✗ NG

ヒザが外に開いてしまうのはNG。し
ゃがむときは、内もも（内転筋）で内
側にグッと押さえ込むようにする

▶ **フットワークのスムーズな動き出し**
▶ **フェイントに引っかかりにくくなる**

6方向への動き出し

横から

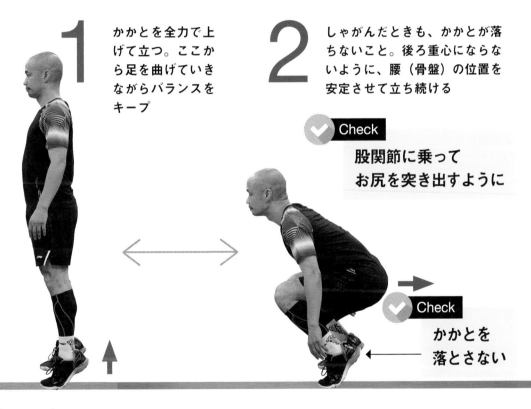

1 かかとを全力で上げて立つ。ここから足を曲げていきながらバランスをキープ

2 しゃがんだときも、かかとが落ちないこと。後ろ重心にならないように、腰（骨盤）の位置を安定させて立ち続ける

✓ Check
**股関節に乗って
お尻を突き出すように**

✓ Check
**かかとを
落とさない**

✕ NG

しゃがんだときにかかとが下がるのは NG。後ろ重心のクセがつくと、前への動き出しが遅れてしまう

21 クロスモーション

▶ 腕だけ足だけではなく、
体を背骨から大きく動かして同期させる

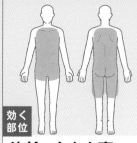

効く
部位
体幹、太もも裏
（バランス感覚）

💡 ココが
ポイント！

▼ 上半身と下半身、それぞれ動かす部位の
タイミングを合わせる（同期）

▼ 体の中心軸がぶれないようにしながら、
それぞれの強度も合わせる

目安

リズムよく左右
20回ずつ

正面から（右手と左足）

1 右足一本で立ち、対角線（クロス）にある右手と左足を後ろに反らす。同時にパッと反れない場合は、壁や支柱など支えになるものを使ってOK

右手

左足

2 右手と左足を同時に前に持ってきて、腰の高さでタッチ。勢いで顔の位置が動かないように、目線は真っすぐ前をキープ

タッチ

NG

手だけ足だけで反ろうとせず、背骨から
グッと反らす。アゴが上がるのもNG！

▶ **バランスを取りながらの跳びつきショット**
▶ **フォア奥から安定して打つ**
▶ **ラウンドやハイバックの安定感アップ**

右への跳びつき

左への跳びつき

 Check

足は股関節から大きく動かして、ヒザはできるだけ曲げない。手は背骨から伸ばすことを意識できれば、つま先にさわれなくても OK

横から（左手と右足）

1 左手と右足を同時に思いきり反らす。ここでは背骨がグッと反っていることを意識

2 体の前で左手と右足つま先をタッチ。ここでは背骨が丸まっていることを意識

左手

右足

 NG

足先だけで持ち上げようとすると、ヒザが曲がって高く上がらない。背骨を丸めて、股関節からグンと前に！

22 バランスツイスト

▶ バランスを取りながら、
上半身と下半身をねじる感覚をつかむ

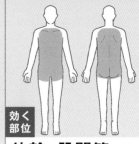

効く部位
体幹、股関節
（バランス感覚）

💡 **ココが
ポイント！**

▼ 上半身と下半身、それぞれ動かす部位の
タイミングを合わせる（同期）

▼ 体がぶれないようにしながら、
それぞれの強度も合わせる

【目安】
左右の足で立って、
リズムよく20回ずつ

1
股関節に乗っている
ことを意識しながら
左足一本で立つ

2
右足を腰の高さに上げて真横に開き、
両手は胸の高さで左側へ。上半身と
下半身を、同時に逆方向へと動かす

右足

✓ Check
左足一本でバランスを取る！

✓ Check
**手と足の動きは同時。頭
は分離させて動かさない**

▶ バランスを取りながら打てる
▶ 特にバック側の対応が安定する

レシーブ・バック

フォア奥

3 右足は腰の高さをキープしたまま、両手と一緒に体の真ん中に戻す

4 右足を左側、両手は胸の高さで右側へ、同時に逆方向へと動かす

右足

✓ Check
みぞおちを中心にねじる

✓ Check
上半身と下半身の感覚がつかめたら、さらに大きく動かす

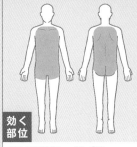

【第6章】バランストレーニング

23 片足ランニング

▶ 股関節の安定感を強化する

効く部位
股関節、体幹
（バランス感覚）

💡 ココが
ポイント！
▼ 片足立ちの状態で安定を保ちながら体を動かす
▼ 上半身の動き（腕の振り）もしっかり力強く

目安
左右20回ずつ

横から（右足で立つ）

1 右手と左足を上げて、右足一本で立つ。左手は後ろに引いて、ランニングの姿勢を取る

2 右足一本で立ったまま股関節を折り曲げ、右手と左足を後ろ、左手を前に。左足は浮かせたまま、すべての動作を同時にパッパッとリズムよく、1と2をくり返す

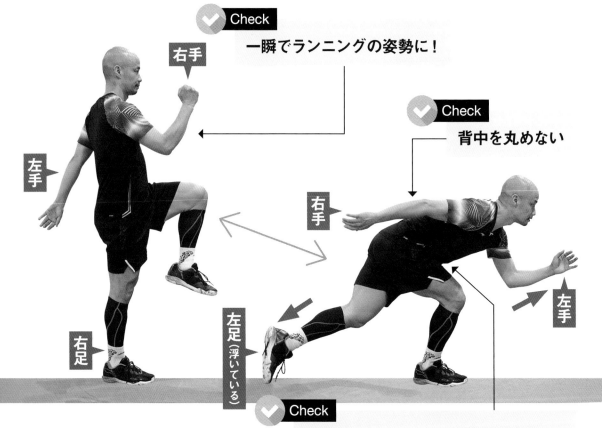

✓ Check 一瞬でランニングの姿勢に！

✓ Check 背中を丸めない

右手

左手

右足

左足（浮いている）

右手

左手

✓ Check 右の股関節に乗っているから安定する！

▶サイドステップが スムーズになる

クリアー

スマッシュ

レシーブ・バックハンド

正面から（左足で立つ）

1 左足一本で立ち、左手と右足を上げる。右手は後ろ

2 左手と右足を後ろに。右足は真後ろではなく斜め左に伸ばすと、左の股関節にグッと乗れる。お尻に効く感覚があればOK

左手

左手

右足

右足（浮いている）

左足

✓ Check
後ろ足は斜めに伸ばす！

✕ NG

後ろにした足が外側や真後ろに外れてしまうと、ついた足の股関節に乗りづらい。下を向いてしまうのもNG！

✕ NG

前傾したとき背骨を丸めたり、下を向いたりするのはNG。目線は真っすぐをキープする！

第7章

7章

同期ウォーキング

歩くという動作を通じて上半身と下半身の動きを見直し、
そのコーディネーション能力を高めていく。
6章までのメニューは「効く部位」を意識して取り組んできたが、
ウォーキング、次章以降のステップでは、
意識しなくても体をスムーズに動かせる感覚をつかんでほしい。
運動強度は低めだが、バドミントンに必要な動きばかり。
練習前や試合前のウォーミングアップとしても活用しよう。

24 キックタッチ

▶ 歩きながらのクロスモーションで、股関節、太もも裏に刺激を与える

 ココが ポイント！
- ▼ 足を上げるときは、できるだけヒザを曲げない
- ▼ 足を上げると同時に上半身を前傾させて（同期）、手でつま先にタッチ

目安
歩きながら左右
交互に10回

1 歩きながら右手を後ろに振り上げる（左足は後ろ）

2 後ろから振り上げた左足つま先、右手を体の前でタッチ！

3 左足を着地

✔ Check
背骨は無理に反らさなくてOK

✔ Check
左足は股関節から大きく動かし、ヒザはできるだけ伸ばす！

右手

左足

タッチ

▶ネット前の踏み込みの安定感

4 右足を1歩
送って前進

5 左手を後ろに
振り上げる
（右足が後ろ）

6 後ろから振り上げた
右足つま先、左手を
体の前でタッチ！

✅ Check

上半身と下半身のタイミングを合わせて、リズムよくウォーキング！

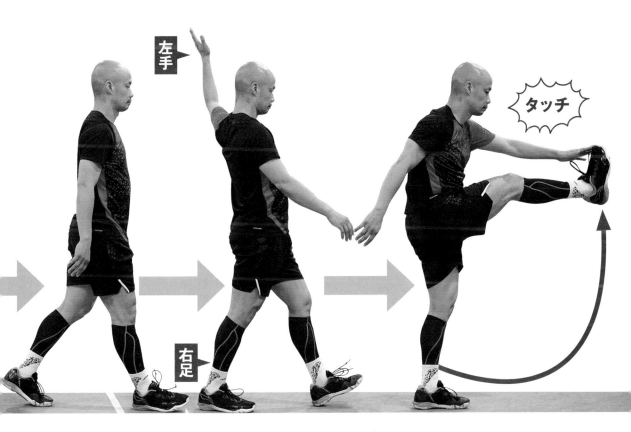

左手

タッチ

右足

25 ハードル越え

▷ 可動域の広い股関節を大きく回すように使って、
　バランス感覚もアップ！

 ココが
ポイント！
　▼ 片足を真後ろに上げ、横から大きく動かして前へ
　▼ 体をできるだけ大きく動かす

目安
歩きながら左右
交互に10回

1 右足を後ろに
持ち上げる

2 右足を後ろ→横へ。股関
節から大きく動かして、
ぐるんと回すイメージ

3 真横から
前に出す

✓ Check
いきなり真横に
出すのは NG！

✓ Check
上半身でバランスを取る！

▶ **フットワーク全般の安定感**

4 右足を着地して
前進

5 左足を後ろに持ち
上げて、股関節か
ら大きく動かす

6 くり返しながら
前進

左足

26 ツイストウォーク

▶ 体の軸を真っすぐ保って上半身だけツイスト。
息を吐きながらリズムよく！

 ココが
ポイント！ ▼ 体軸を意識しながら、上半身と下半身の動き出し、
動き終わりのタイミングを同期させる

目安
リズムよく歩き
ながら20回

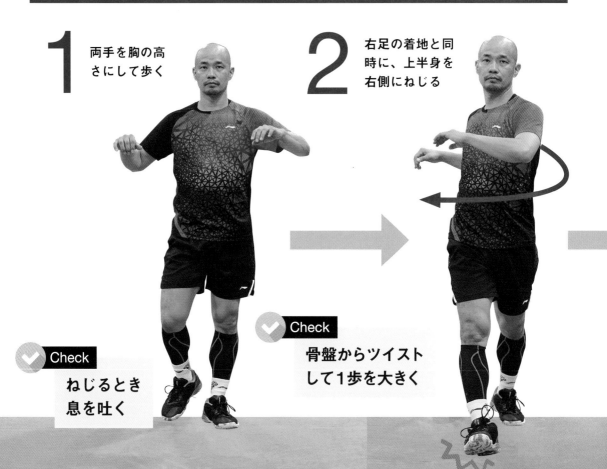

1 両手を胸の高
さにして歩く

2 右足の着地と同
時に、上半身を
右側にねじる

Check
ねじるとき
息を吐く

Check
骨盤からツイスト
して1歩を大きく

✗ NG

上半身が少し横を向いているだけで、ねじれていな
い。右手が下がって肩が傾くのも NG！

▶ バランスを取りながら体をねじる
▶ フォア側のサイドへの動き出しがスムーズになる
▶ スマッシュ力アップ

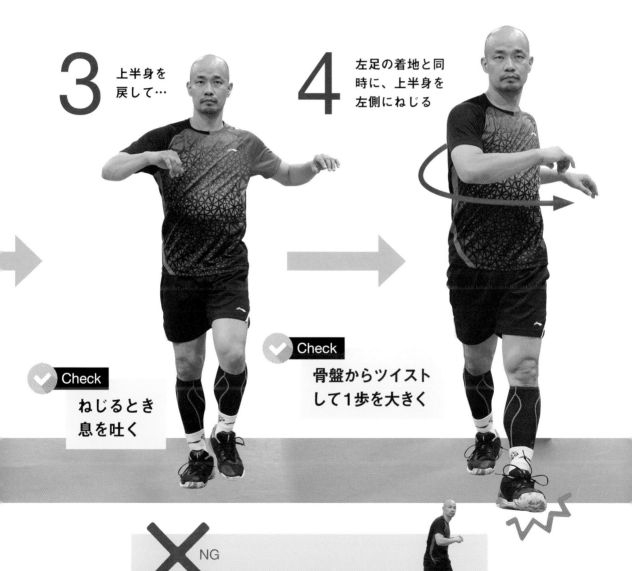

3 上半身を
戻して…

4 左足の着地と同
時に、上半身を
左側にねじる

✓ Check
ねじるとき
息を吐く

✓ Check
骨盤からツイスト
して1歩を大きく

✗ NG

右足の着地と同時に右手を前にしない。左手を
前にして、上半身をねじることを意識する！

27 ツイストバックウォーク

▶ 後ろ向きに歩いて上半身をツイスト！
後ろに下がるのが苦手な人は必須の動き

 **ココが
ポイント！** ▼ 上半身と下半身の「動き出しのタイミング」と
「動き終わりのタイミング」を合わせる（同期させる）

目安
リズムよく歩き
ながら20回

1 両手を胸の高さに
して後ろに歩く

後ろへ

2 左足を後ろに着地
した瞬間、上半身
を右側にねじる

後ろへ

 NG

右足を後ろに着地して、上半身が右側を向く。
体が流れているだけでねじっていない！

▶ バランス感覚アップ
▶ 後ろ向きダッシュが速くなる

3 上半身を戻して…

4 右足を着地した瞬間、上半身を左側にねじる

後ろへ

後ろへ

✕ NG

体の軸が斜めになるのはNG。軸を真っすぐ保って、上半身だけツイスト!

28 前インパクトウォーク

▶ 前への着地とインパクトがずれないように、
ウォーキングで体に染み込ませる

 **ココが
ポイント！** ▼「前足を踏み込むタイミング」と「腕（上半身）の
インパクトのタイミング」を合わせる（同期させる）

目安
リズムよく歩き
ながら20回

1 両手を真横に開き、肩
の高さをキープしたま
ま両手を後ろに引く

2 両手が前に出る
と同時に着地に
向かう

3 シャトルをとらえ
る、インパクトの
イメージで着地！

後ろ

前

着地

✓ Check

手のひらと目線は真っすぐ前を向く

✓ Check

手と足がずれないように
ピタッと合わせる

正面から

1 両手を後ろに引く

後ろ　　後ろ

2 両手が前に出る
と同時に着地！

前　　前

着地

ドライブ・フォア

ロブ・フォア

▶フォアドライブ、フォアロブの
踏み込みと打つタイミングを
合わせられるようになる

 Check

着地の勢いで
頭が動かないように

4 両手を後ろに引く

後ろ

5 両手が前に出ると同時に着地に向かう

6 勢いで頭が動かないように着地！

前

着地

✕ NG

両手を後ろに引く動作が曖昧だと、前に出す動きも小さくなる。手先ではなく、肩甲骨からしっかり動かすこと

29 後ろインパクトウォーク

▶ ハイバックなどバックサイドでの
インパクトと着地がずれるクセを解消！

💡 **ココが ポイント！** ▼「前足を踏み込むタイミング」と「腕（上半身）の インパクトのタイミング」を合わせる（同期させる）

目安
リズムよく歩き ながら20回

1 両手を真横に開き、肩の高さをキープしたまま前に出す

2 両手をグッと後ろに引くと同時に着地！

3 両手を前に出す

✅ Check
手のひらと目線は 真っすぐ前を向く

✅ Check
手と足がずれないように ピタッと合わせる

前　後ろ　前

着地

▶バックドライブ、ハイバックなど、
バックサイドでの着地と打点を合わせる

ドライブ・バック

ロブ・バック

4 両手をグッと後ろに
引くと同時に着地！

5 両手を前に出す

6 両手をグッと後ろに
引くと同時に着地！

✓ Check
**両手は肩甲骨
から動かす**

✓ Check
着地の勢いで頭が動かないように

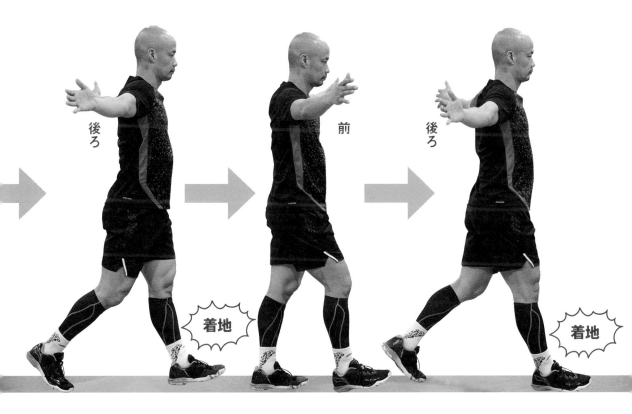

後ろ　　　着地　　　前　　　後ろ　　　着地

第8章

基本ステップ

フットワークはステップの組み合わせ。
単純なステップをていねいに身につけることが上達への道だ。
苦手な方向、ステップを重点的にやって、弱点を克服しよう。

30 サイドステップ

▶ ほぼすべてのフットワークにつながる基本のステップ

💡 **ココが ポイント！** ▼ 股関節を曲げた姿勢を取り、 そこから足を回旋して素早く動く！

目安
トレーニングとして＝2コート分の横幅を速いペースで3〜5往復／アップとして＝2コート分の横幅をゆっくり1〜2往復。左右バランスよくやる

1 股関節を曲げた姿勢から

2 足先は正面をキープして、親指で蹴り出す→親指から着地で真横に進む

✓ Check **親指で蹴る**

✓ Check **親指から着地**

参考

両ヒザをつけると…

両ヒザがくっつくと、その衝撃で頭が上下に動いて無駄な動作になってしまう。ただし、絶対にダメというわけではない。慣れないうちは、ヒザをつけて感覚をつかむのもアリ

両ヒザがつく

▶ **すべてのフットワーク＆すべてのショットの質を上げるためのベースとなるステップ**

レシーブ・フォア　レシーブ・バック　フォア奥

✔ **Check**

両ヒザをつけない

3 真横に進む。両ヒザをくっつけず、軽く曲げることで股関節が使える

4 さらに、真横に進む。頭が上下しないように、目線は正面をキープ

❌ NG

早く横に動きたくて体と顔が横を向いてしまうのは NG。かかとから着地すると体が進行方向に向いてしまう。つま先を正面に向けて「親指から蹴る→親指から着地」を意識！

31 クロスステップ

▶ 遠くに速く動くときに欠かせない足を交差させるステップ

💡 **ココが ポイント！** ▼ 体幹がねじられる感覚と、上半身と下半身の同期

目安

トレーニングとして＝2コート分の横幅を速いペースで3〜5往復／アップとして＝2コート分の横幅をゆっくり1〜2往復

1 正面を向いた状態で、腰からねじって右足を後ろにクロス。右手を前（左手を後ろ）にしてバランスを取る

2 左足を運んで左に進み、腰からねじって右足を前にクロス。右手を後ろ（左手を前）にしてバランスを取る

▶ フォア奥に追い込まれたときなど、
歩幅を大きく取るための
ベースとなるステップ

3 左足を運んで左に進み、腰
からねじって右足を後ろに
クロス。頭を動かさず目線
は真っすぐ前を向く

4 左足を運んで左に進み、腰
からねじって右足を前にク
ロス。上半身と下半身をう
まく同期させる

 Check

実戦に備えて、後ろにねじる動きで歩幅を出せるようにする

32 ジグザグツーステップ・前後移動

▶ ツーステップで左右ジグザグに前進／後退。
間の切り返し動作がポイント！

 ココが ポイント！ ▼ 股関節を曲げた姿勢を取って、切り返しの動きで重心移動する

目安
トレーニングとして＝2コート分の横幅を速いペースで3〜5往復／アップとして＝2コート分の横幅をゆっくり1〜2往復

前進

1 左足を前にしたツーステップで左前に進む。フットワークを意識して体は進行方向へ

2 一度正面を向いて体を右に切り返し、後ろになった左足で右前に蹴り出す。必ずこの動作を入れること！

3 右足を前にしたツーステップで右前に進む。フットワークを意識して体は進行方向へ

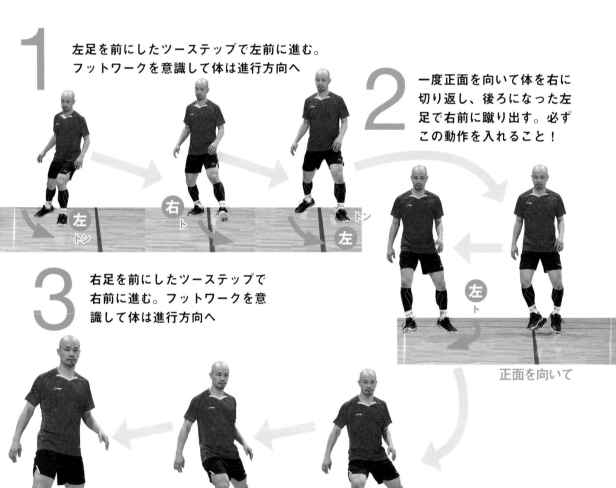

左 トン
右 ト
左 トン
左 ト
正面を向いて
右 トン
左 ト
右 トン

▶ホームポジションに戻って、次に前後に動くための切り返し

3 左足を後ろにしたツーステップで左後ろに進む。フットワークを意識して半身になって下がる

後退

2 一度正面を向いて体を左に切り返し、前になった右足で左後ろに蹴り出す。必ずこの動作を入れること！

正面を向いて

1 右足を後ろにしたツーステップで右後ろに進む。フットワークを意識して半身になって下がる

33 ラウンドツーステップ

▶ 最短距離で下がるために、
後ろ向きのツーステップで一直線に移動する

 ココが
ポイント！

▼ 股関節を曲げた姿勢を取り、
体を反転してターンで
素早く切り返す

目安
トレーニングとして＝2コート分の横幅を速いペースで2
～4往復／アップとして＝2コート分の横幅をゆっくり1
往復。スタートは右足前と左足前、両方できるようにする

1 右足前でスタートして
体を切り返す

2 半身になって右足後ろの
ツーステップで後ろへ

Check
うまくできない場合は、
ラインの上で練習する

5 左足後ろの
ツーステップで後ろへ

▶ラウンドへの入り

ラウンド

3 右足後ろのツーステップを2回踏んで後ろへ。一直線上を進むためにラインを目安にする。ラインからはみ出してふくらむのはNG！

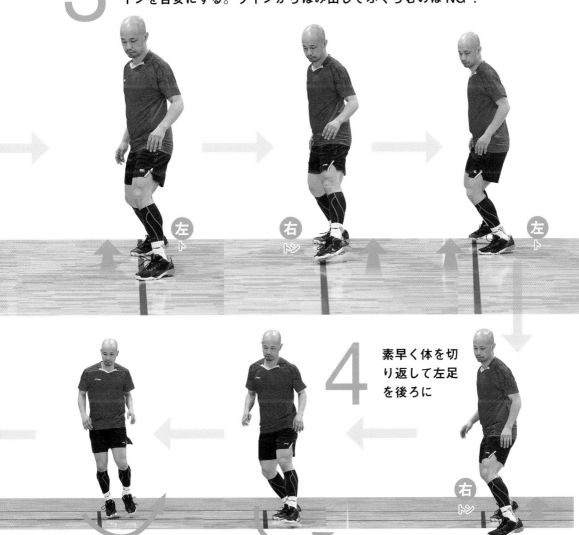

左
ト

右
トン

左
ト

4 素早く体を切り返して左足を後ろに

右
トン

34 タッピング・前後移動

▶ 小刻みなステップだが、腰から使って安定感を生み出す

💡 **ココが
ポイント！**　▼ 足を動かそうとするのではなく、腰から動かす

目安
トレーニングとして＝2コート分の横幅1往復（前後）を全力で2〜3セット／アップとして＝2コート分の横幅1往復（前後）を全力で1セット。前進と後退、両方やる

右足と左足を交互に小刻みに素早く踏む「タッピング」で前進／後退。最初から最後まで着地はつま先で、かかとは上げておく。下半身を激しく動かしながら、上半身はリラックスしたまま動かさない

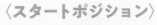

▶逆を突かれたときに対応するステップ

〈スタートポジション〉

✓ Check

両股関節にしっかり乗った
前傾姿勢をキープする

✓ Check

足先ではなく腰から動かす！

下半身に注目

右 ⟷ 左

35 もも上げ・前後移動

▶ 下半身と上半身のタイミングを合わせる「同期」を意識する

**ココが
ポイント！**

▼ 陸上でやるダッシュのように、
足を上げるタイミングと
腕の振り上げをしっかり合わせる

目安
トレーニングとして＝2コート分の横幅1往復（前後）を
全力で2〜3セット／アップとして＝2コート分の横幅
1往復（前後）を全力で1セット。前進と後退、両方やる

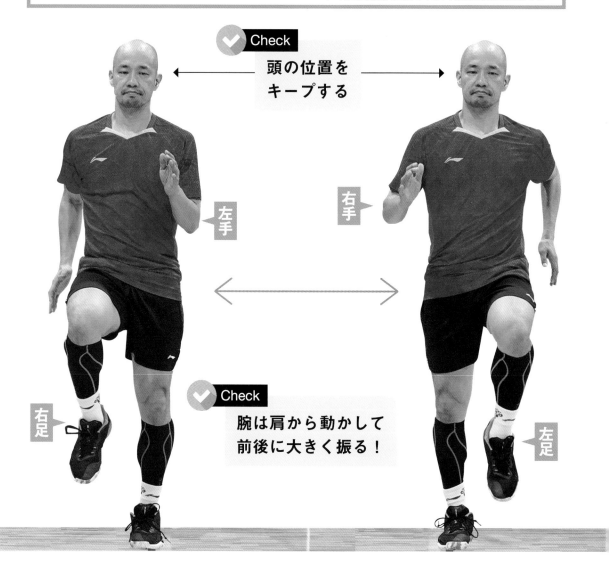

✔ Check
**頭の位置を
キープする**

左手 / 右手

右足 / 左足

✔ Check
**腕は肩から動かして
前後に大きく振る！**

両足股関節に乗った状態から、ヒザをももの高さまで上げて前進／後退。右足と左手、左足と右手を上げるタイミングを合わせること。

足は股関節から、腕は肩から、それぞれ全力で動かしながら「同期」させて、体のバランスを真っすぐ保つ

▶ネット前への動き出し

NG

ヒジ先だけの小さい
腕振りは NG！

腕の動き（横から）

腕は肩から大きく前
後に振る。右手を前
に出したら、左手を
後ろに強く引く！

左手を前に出したら、右手
を後ろに強く引く。背骨と
目線は真っすぐをキープ！

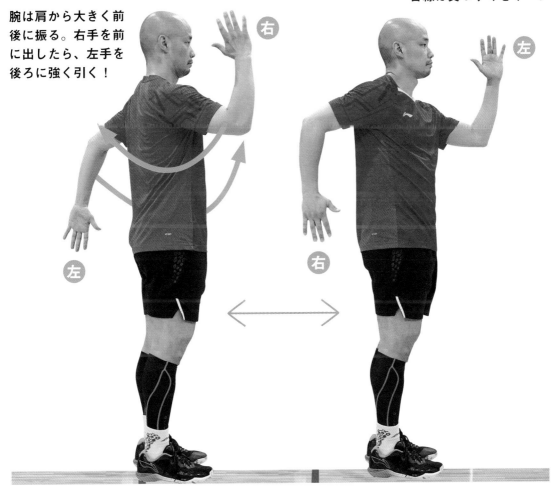

36 タップジャンプ・左右移動

▷ 小さい両足ジャンプで横移動！ 左右差がなくなるようにやる

💡 **ココが ポイント！** ▼ 両足首を横に払うようにして、同時に素早く動かす

目安
トレーニングとして＝2コート分の横幅1往復を全力で2〜3セット／アップとして＝2コート分の横幅1往復を全力で1セット。左右やる

1 軽くヒザを曲げて両足股関節に乗る。重心は体の真ん中

2 両足同時の小さいジャンプをくり返す「タップジャンプ」で真横に移動

3 着地はつま先で、かかとは上げたまま、必ず両足同時に。上半身は力まないように、下半身の力だけで進む

着地

✔ Check

着地は必ず両足同時であること

この動きが入るプレー

▶ ダブルスで左右に素早く動く
▶ 相手の返球に素早く対応する

4 両足首をほんの少し真横に払うように、必ず両足同時で真横に蹴る

5 つま先と上半身は正面、体の軸は真ん中をキープ

6 両足同時につま先で着地。すぐ次のジャンプへ!

着地

✓ Check

両足首を横に払って動かす感覚をつかむ

第9章
動き出しステップ

Step❹ 瞬発性、スピードを高める

コート内６方向へのフットワークは、動き出しが重要。
バドミントンに特化した６方向へのステップをマスターして、
意識しなくてもパッと動き出せるように、
試合でのラリーを想定しながら、体に覚え込ませよう。

37 バック前への動き出し

▶ タッピング（タップジャンプ）からバック前への動き出しを身につける

💡 **ココが
ポイント！** ▼ 右足をついた瞬間、
上半身を前傾させて加速して動き出す

目安
体が覚えるまで

1 ホームポジションでタッピング、
またはタップジャンプ（最初はタ
ッピングのほうがやりやすい）

2 ジャンプから右足を
後ろに引く

✔ Check

右足をパッと後ろに！

✕ NG

右足に乗ったとき体が後
ろにいってしまうのは
NG。前に出るとき上半
身が反り返って、足に置
いていかれてしまう！

▶ バック前への動き出し

ヘアピン・バック

ロブ・バック

✔ Check

体を倒して左の股関節に乗る!

3 右足で蹴り出しながら左前(左の股関節)に重心をかける

4 左の股関節にグッと乗って、体ごと力強くバック前へ!

バック前へ

38 フォア前への動き出し

▶ タッピング（タップジャンプ）からフォア前への動き出しを身につける

 ココが
ポイント！　　▼ 左足をついた瞬間、
　　　　　　　上半身を前傾させて加速して動き出す

目安
体が覚えるまで

4 右の股関節にグッと
乗って、体ごと力強く
フォア前へ！

3 左足で蹴り出しなが
ら右前（右の股関節）
に重心をかける

 Check

体を倒して右の股関節に乗る！

フォア前へ

▶ フォア前への動き出し

ヘアピン・フォア

ロブ・フォア

2 ジャンプから左足を後ろに引く

Check

左足をパッと後ろに！

1 ホームポジションでタッピング、またはタップジャンプ（最初はタッピングのほうがやりやすい）

39 バック奥（ラウンド）への動き出し

▶ タッピング（タップジャンプ）からバック奥への動き出しを身につける

 ココが ポイント！ ▼ 右足で蹴るときに上半身を進む方向に倒し、 ラウンドツーステップで一気に体を反転させる

目安

体が覚えるまで

1 ホームポジションでタッピング、またはタップジャンプ（最初はタッピングのほうがやりやすい）

2 ジャンプから 右足を前に出す

3 右足で斜め後ろに 蹴り出しながら、 腰から下をねじる

 Check
つま先を少し 内側に向ける

 Check
腰からねじる！

ラウンド

▶バック奥（ラウンド）への動き出し

✕ NG

つま先が正面

右足のつま先が正面を向くと腰を回転できず、真っすぐ後ろに蹴り出すことに。正面を向いたまま下がると蹴り出しが弱く、アゴが上がりやすく、素早くバック奥に下がれない！

4 体を反転させて斜め後ろへ

5 ラウンドツーステップ（98ページ）の要領で、強く蹴りながら下がる

6 スムーズにバック奥（ラウンド）へ！

✓ Check

腰からねじって回転！

バック奥へ

40 フォア奥への動き出し

▶ タッピング（タップジャンプ）からフォア奥への動き出しを身につける

💡 **ココが ポイント！** ▼ 左足で蹴るとき、 上半身を進む方向に倒して素早く動く

目安
体が覚えるまで

6 素早く フォア奥へ！

5 サイドのツース テップで強く蹴 りながら下がる

4 上半身を進行方向に倒 しながら、右の股関節 に乗って斜め後ろへ

✅ Check

フォア奥は上半身のパワーを使いに くいので、ねらわれやすい。足をし っかり使って動くことを意識する

フォア奥へ

▶フォア奥への動き出し

右への跳びつき

3 左足で斜め後ろに
蹴り出しながら、
腰から下をねじる

2 ジャンプから
左足を前に出す

1 ホームポジションでタッピング、またはタップジャンプ（最初はタッピングのほうがやりやすい）

✓ Check

つま先を少し
内側に向ける！

✓ Check

腰からねじる！

41 左サイドへの動き出し

▶ タップジャンプから左サイドへの動き出しを身につける

 ココが
ポイント！
- 最初のスタンスから足を広げて、右足→左足と着地して、素早く左側へ
- 右足をついた瞬間、腹筋で重心を素早く下に落とすと素早く動ける

目安
体が覚えるまで

1 ホームポジションで連続タップジャンプ

2 ジャンプから右足を少し外側に出す

▶左サイドへの動き出し

左への跳びつき

3 右足で蹴りながら体（重心）を
左側へ倒して推進力とする

4 左の股関節に乗って、
サイドステップにつなげる

✓ Check

**腹筋に力を入れて、
少し下に潜るようなイメージ**

左サイドへ

42 右サイドへの動き出し

▶ タップジャンプから右サイドへの動き出しを身につける

 ココが
ポイント！
▼ 最初のスタンスから足を広げて、
　左足→右足と着地して、素早く右側へ
▼ 左足をついた瞬間、腹筋で重心を素早く下に
　落とすと素早く動ける

目安
体が覚えるまで

4 右の股関節に乗って、
サイドステップにつなげる

3 左足で蹴りながら体（重心）を
右側へ倒して推進力とする

 Check

腹筋に力を入れて、
少し下に潜るようなイメージ

右サイドへ

▶右サイドへの動き出し

右への跳びつき

2 ジャンプから
左足を少し外側に出す

1 ホームポジションで
連続タップジャンプ

119

第10章
素振りトレーニング

Step❷	可動域を大きく使いながら、筋力をつける
Step❸	コーディネーション能力、協調性を高める
Step❹	瞬発性、スピードを高める

素振りはフォームを固めるだけでなく、
トレーニング効果もある練習だ。
ポイントは、腕ではなく「ラケットを振る」。
この本の内容の集大成として、
余計な力を使わずスパッと振れる感覚をつかむ。

43 オーバーヘッドスイング

▶ バドミントンの基礎となるスイングには、多くの動作が入っている

≫ スタンスがタテ

目安
連続で素振り
20〜30秒

💡 ココが
ポイント！　▼ 足の入れ替え、体重移動、体の連動、
　　　　　　　腕の回旋などを意識しながら振る！

正面から

✓ Check
右の股関節に100パーセント乗る

肩、ヒジ、手首、ラケットの順番で出る

✓ Check
体幹をねじる

ヒジ

肩

スタート

横から

✓ Check
右の股関節に100パーセント乗る

体幹をねじりながら

✓ Check
上にジャンプ！

スタート

スタンスがタテの場合は、すべて右の股関節に乗り、左の股関節に体重移動していく。いきなり右→左ではなく真上への軽いジャンプを挟み、「右→ジャンプ→左」となるのがポイント。空中で「タメ」を作ってラケットを振る感覚を身につけたい。

上半身には股関節から体幹をねじって力を連動させていき、右肩→ヒジ→手首→ラケットの順で振り出す。腕の回旋も意識しながら連続して素早く振る。

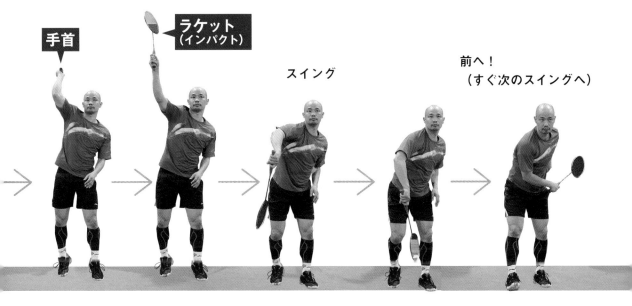

手首

ラケット
（インパクト）

スイング

前へ！
（すぐ次のスイングへ）

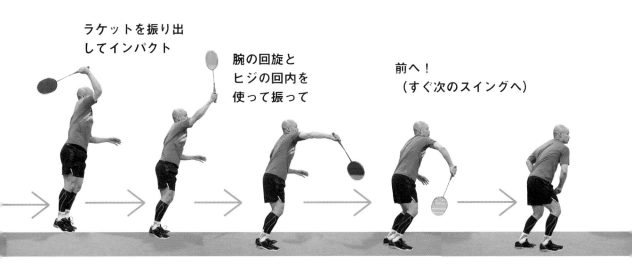

ラケットを振り出
してインパクト

腕の回旋と
ヒジの回内を
使って振って

前へ！
（すぐ次のスイングへ）

43 オーバーヘッドスイング

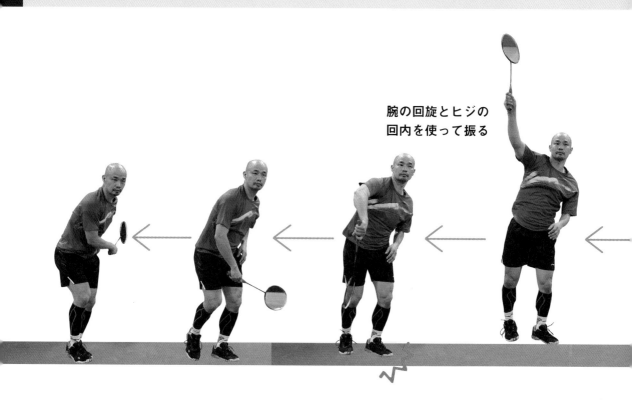

腕の回旋とヒジの
回内を使って振る

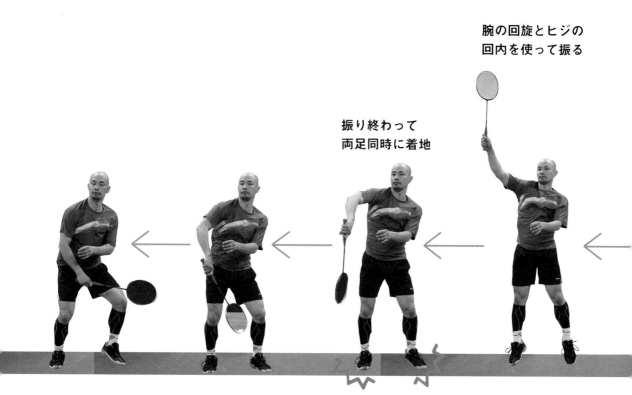

腕の回旋とヒジの
回内を使って振る

振り終わって
両足同時に着地

≫ スタンスがヨコ
→ 横に移動して打つパターン

目安
連続で素振り
20〜30秒

Check 上にジャンプ！

体幹をねじって

Check 右の股関節に100パーセント乗る

スタート

≫ 胸から上でコンパクトに打つ
→ 角度のあるショットを打つパターン

目安
連続で素振り
20〜30秒

Check 右足でジャンプ！

Check 右の股関節に100パーセント乗る

スタート

44 ラウンドヘッドスイング

▶ 体と腕を柔らかく使うラウンドヘッド。
コツをつかむ練習法から紹介！

💡 ココが
ポイント！　▼ 体軸の細かい「ねじり」を使って、
肩を回旋する！

目安
連続で素振り 10〜20秒

練習① リラックスして立って、下ろした両腕を振る。力を入れずヒジから先を、ぷらんぷらん振る

スタート

✅ Check

本番 背中にあるラケットを横に出す

体が傾いても体軸を中心に振ること

スタート

テークバックからタテに振るオーバーヘッドに対して、ラウンドヘッドはテークバックから横にいき、そのまま横に振り抜く。

軸は体の中心。姿勢が傾いても肩が振れるように、素振りをくり返してスイング軌道を身につける。

練習② 利き手を上げてヒジから先を、ぷらんぷらん。背骨を中心に肩を小さく動かして、柔らかく振るキッカケを作るのがコツ。横から出るラウンドヘッドの感覚がつかめたら、ラケットを持ってやる

スタート

振り終わったら素早くテークバックに戻り、連続して何度も振れるようにする

45 連続レシーブ・体周り

 コンパクトな素振りで体周りを1周。
ラケットワークも向上するトレーニング！

> 💡 **ココが
> ポイント！** ▼ 肩の回旋、股関節の安定感を意識しながら振る！
> ▼ すべてバックハンドで握って振る！
>
> | 目安 |
> | --- |
> | 連続で素振り 10〜20秒 |

バックハンドで握り、バック側のレシーブからスタート。細かいスイングをくり返して、体の右側（フォア側）へ。フォアに切り替えて、フォア側のドライブレシーブ、頭の左側はラウンドでドライブレシーブ。バックに切り替えてドライブレシーブ、スタート地点に戻って2周目へ。レシーブをイメージして、しっかり股関節に乗る。

✔ Check

低いシャトルに対しては体を前傾し、股関節にしっかり乗る

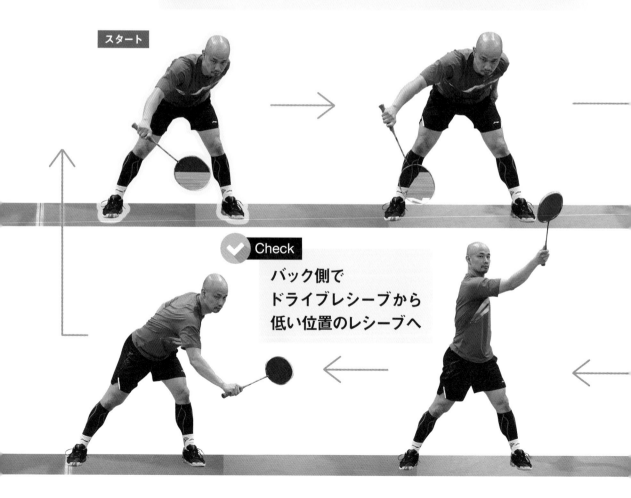

スタート

✔ Check

バック側で
ドライブレシーブから
低い位置のレシーブへ

ラウンドからバックハンドへ

ラウンドからバックハンドへの**つなぎ**

ラウンドから体を切り返しな
がら、バックハンドに替える

バックハンド→フォアハンドへの**つなぎ**

バックハンド   フォアハンド

高い位置までバックハンドで、そこから
フォアに切り替えるパターン（写真）、低
い位置からフォアに切り替えるパター
ン、両方できるように素振りをくり返す

✓ Check

**フォア側で
ドライブレシーブ**

✓ Check

**ラウンドでダブルス前衛の
ドライブレシーブ**

46 ドライブ・フォア

▶ 肩から振ることで、コンパクトなスイングでも強いショットが打てる

> **ココが**
> **ポイント！** ▼ 準備するときは利き腕だけではなく
> 両腕を振り上げる！
>
> 【目安】
> 連続で素振り
> 10〜20秒

肩を上げる（構えからテークバック）→下げる（振る）という動きで、最後はラケットを振りきらずに止めて、引いて戻す。ネット前でやると、寸止めから戻す感覚がつかみやすい。また、ラケットを持つ右手と同時に左手を上げて、踏み込んだ足はインパクトと同時に着地。しっかり同期させて、リズムよく連続で振れるようにする。

正面から

肩からテークバックして振り出す

✓ Check

ラケットを持つ
右手と同時に、
左手も上げる

横から

肩からテークバックして振り出す

ウエスタン気味に握る

フォアドライブのグリップ
は、ウエスタン気味にす
るとラケットを立てやす
い。指とラケットの間にす
き間を作っておき、打つ
瞬間にギュッと握り込む

横から

後ろから

✔ Check

振りきらずに止めて、
すぐ構えに戻る

✔ Check

インパクトと同時に
右足を着地！

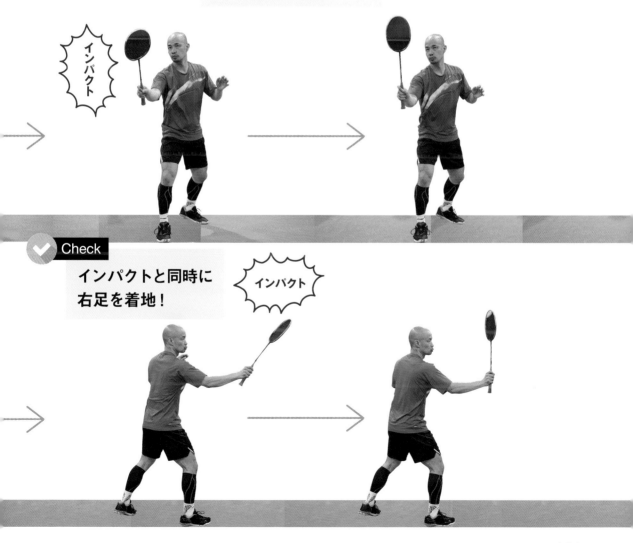

インパクト

インパクト

47 ドライブ・バック

▶ フォアと同じく肩を使いながら、コンパクトに振る！

 ココが ポイント！ ▼ 肩の上下動を使い、両手を同期させて パッと広げて振る！

目安
連続で素振り
10〜20秒

肩を使うことを意識してヒジを上げて下ろし、最後はラケットを振りきらずに止めて、手前に戻す。ラケットを持つ右手が前に出たとき、左手を後ろに引いて体を開くのがポイント。踏み込んだ足の着地とインパクトはタイミングを合わせて同時に。

正面から

肩を使うことを意識して、構えからテークバック

スタート

振りきらずに止めて、すぐ構えに戻る

親指の腹と右側面を当てる

バックハンドは、グリップの太い面に親指の腹を当てる。グリップの角には親指の右側面が当たっている。フォアから転がすように素早く握り替えるために、ガッチリ握り込まず、余裕を持って握る

バックハンドの握り

フォアハンドの握り

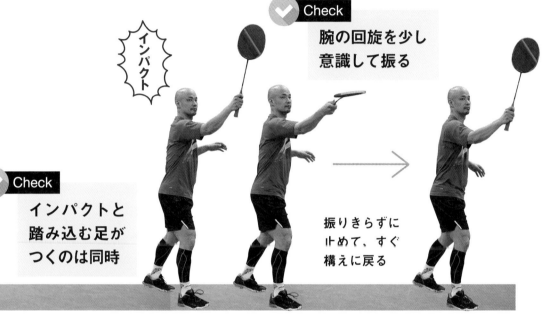

インパクト

✓ Check

腕の回旋を少し
意識して振る

✓ Check

インパクトと
踏み込む足が
つくのは同時

振りきらずに
止めて、すぐ
構えに戻る

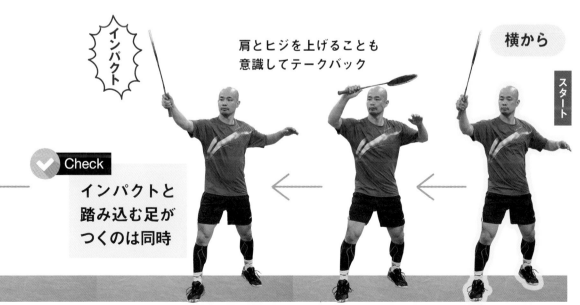

インパクト

肩とヒジを上げることも
意識してテークバック

横から

スタート

✓ Check

インパクトと
踏み込む足が
つくのは同時

48 ドライブ・フォア&バック交互

▶ フォアとバックを交互にくり返して、
　動きのリズムとラケットワークを身につける

 ココが
ポイント！
▼ スイングは振りきるのではなく体の中心で止める！
▼ 腕を上げる瞬間に素早くグリップを持ち替える

目安
連続で素振り
10〜20秒

 正面から

肩を上げてテークバック　　　肩を使って
　　　　　　　　　　　　　　フォアドライブ　　　　　　　　ラケットを上げながら、
　　　　　　　　　　　　　　　　　　　　　　　　　　　　　バックに握り替え

横から

134

※132～133ページの「ドライブ・バック」では、右足で踏み込む形を紹介したが、近い位置の
シャトルに対しては左足で踏み込むパターンもある。両方できるよう練習しておくこと。

　フォアとバックで交互にリズムよく素振り
をくり返す。手打ちにならないように、足を
動かし、常に肩から動かすことを意識。ラケ
ットを上げるときにフォアからバック、バッ
クからフォアへと、素早いグリップの握り替
えもマスターしたい。

肩を上げてテークバック　　遠い位置には、右足で踏み込む　　近い位置には、左足で踏み込んでバックドライブ

第11章

状況別メニューの組み合わせ

ここまで紹介してきた内容を組み合わせて、
9種類のメニューを作成した。
日常生活でよくあるパターンを想定して、
そのまま使えるようになっている。
各メニューとも項目すべてをやるのが理想だが、
状況に応じてセレクトしても構わない。
自分で、チーム全体で、ぜひ活用してほしい。

1 練習前のウォーミングアップ＆ 練習後のクールダウン

▶ 普段の練習前後にやりたいメニュー。
アップは年代とレベルに合わせて３種類！

ジュニア～学生のウォーミングアップ

▶ **第2章 01～06**（18～29ページ）
→体幹を使う感覚を覚える

▶ **第4章 07～14**（42～53ページ）
→それぞれ10秒ぐらいにして
時間をかけない

▶ **第5章 15～19**（56～65ページ）
→股関節と太もも裏を
使う感覚を覚える

▶ **第6章 20～23**（68～75ページ）
→バランス感覚を強化

▶ **第8章 30～36**（92～105ページ）
→基本ステップを強化

▶ **第9章 37～42**（108～119ページ）
→動き出しを強化

▶ **第10章 43～48**（122～135ページ）
→素振りを強化

01 キャット＆ドッグ

09 腸腰筋ストレッチ

社会人（初中級）のウォーミングアップ

▶ **第4章 07～14**（42～53ページ）
→それぞれ10秒ぐらいにして
時間をかけない

▶ **第6章 20～23**（68～75ページ）
→バランス感覚を強化

▶ **第7章 24～29**（78～89ページ）
→「同期」の感覚を覚える

▶ **第8章 30～36**（92～105ページ）
→基本ステップを強化

▶ **第10章 43～48**（122～135ページ）
→素振りを強化

22 バランスツイスト

24 キックタッチ

社会人（中上級）のウォーミングアップ

▶ **第4章 07〜14**（42〜53ページ）
➡ それぞれ10秒ぐらいにして
　時間をかけない

▶ **第6章 20〜23**（68〜75ページ）
➡ バランス感覚を強化

▶ **第8章 30〜36**（92〜105ページ）
➡ 基本ステップを強化

▶ **第10章 43〜48**（122〜135ページ）
➡ 素振りを強化

23 片足ランニング

44 ラウンドヘッドスイング

30 サイドステップ

練習後のクールダウン

▶ **1〜2分ぐらい軽いジョギング**
➡ 血流をよくする

▶ **第4章 07〜14**（42〜53ページ）
➡ それぞれ20〜30秒ぐらい、
　じっくり時間をかける

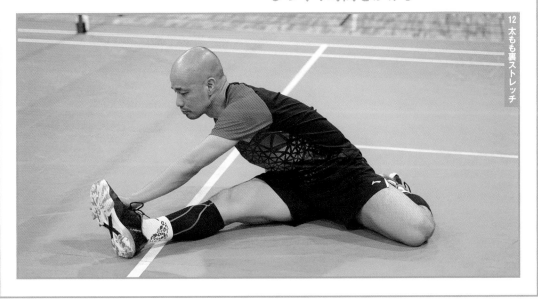

12 太もも裏ストレッチ

2 全体練習後の追加メニュー

▶ 全体練習を終えたあと、ライバルに差をつけるためのメニュー

04 股関節スクワット

36 タップジャンプ・左右移動

21 クロスモーション

39 バック奥（ラウンド）への動き出し

45 連続レシーブ・体周り

3 練習できない期間と 休み明けの練習前にやるメニュー

▶ テストや仕事などで練習できない間にやりたいメニューと、
休み明けにケガをしないためのメニュー

家でやるメニュー

▶ **第2章 01〜06**（18〜29ページ）
→ 体幹の動かし方を覚える

▶ **第4章 07〜14**（42〜53ページ）
→ 可動域を広げる

▶ **第6章 20〜23**（68〜75ページ）
→ バランス感覚を
落とさないように

▶ **第7章 24〜29**（78〜89ページ）
→ 場所があればウォーキングもやる

▶ **第10章 43、45、48**
（122〜125、128〜129、134〜135ページ）
→ ラケットを振る感覚を落とさないように

💡 **ココが ポイント！**

練習できない期間は、体幹の
可動域を広げておく！

休み明けの練習前にやるメニュー

▶ **第4章 07〜14**（42〜53ページ）
→ 可動域を広げる

▶ **第7章 24〜29**（78〜89ページ）
→ 強度の低い動きからスタート

▶ **第8章 30〜36**（92〜105ページ）
→ バドミントンのステップで強度を上げる

▶ **第10章 43、45、48**
（122〜125、128〜129、134〜135ページ）
→ シャトルを打つ前に少し素振りをする

💡 **ココが ポイント！**

関節周りが弱っているので、少しず
つ運動強度を上げる。すぐにシャト
ルを打つのではなく、まずは体をじ
っくり温めること

4 試合当日のウォーミングアップ

● 大事な試合で力を発揮できるように、ウォーミングアップから勝負！

ココが
ポイント！

▼ 試合時間の1時間前からアップ開始（30～40分を想定）
▼ まずは、3～5分のランニングで体を温める
▼ 以下は一つの参考例として、自分なりのルーティーンで
　アップするほうが、いつもの力を出しやすい

▶ **第4章 07～14**（42～53ページ）
　➡ それぞれ10秒ぐらいにして
　　 時間をかけない

▶ **第5章 16～18**（58～63ページ）
　➡ 太もも裏を刺激して、
　　 やる気をアップ

▶ **第6章 21～22**（70～73ページ）
　➡ 上半身と下半身の「同期」を確認

▶ **第8章 30～32**（92～97ページ）
　➡ ランニング中に合わせてやってもOK

▶ **第8章 34～36**（100～105ページ）
　➡ 細かいステップで動き出しの確認！
　　 緊張しているときは長めに

▶ **第10章 45**（128～129ページ）
　➡ 素振りで「回旋」の動きを確認
　　 （トレーニング用ラケットを使ってもOK）

17 ランジスクワット

21 クロスモーション

31 クロスステップ

34 タッピング・前後移動

5 試合と試合の合間にやるメニュー

▶ 大会当日ケガなく最後までプレーできるように、アップとケアが重要

**ココが
ポイント！**

▼ 試合の合間は、体を冷やさないように気をつけること
▼ 試合時間の30分前からアップ開始（15分ぐらいを想定）
▼ まずは、2～3分のランニングで体を温める

▶ **第4章 07～14**（42～53ページ）
　➡それぞれ10秒ぐらいにして
　　時間をかけない

▶ **第5章 16～18**（58～63ページ）
　➡太もも裏を刺激して、
　　やる気をアップ

▶ **第8章 30～32**（92～97ページ）
　➡細かいステップで動き出しの確認！
　　緊張しているときは長めに

▶ **第10章 45**（128～129ページ）
　➡素振りで「回旋」の動きを確認
　　（トレーニング用ラケットを使ってもOK）

07 背骨を反るストレッチ

18 ランジツイスト

45 連続レシーブ・体周り

32 ジグザグツーステップ・前後移動

デザイン／黄川田洋志、井上菜奈美、中田茉佑、有本亜寿実（ライトハウス）
写　　真／川口洋邦
編　　集／平田美穂
撮影協力／野村和弘、Honey Sophia バドミントン専用体育館

藤本ホセマリ（ふじもと・ほせまり）

1975 年生まれ、東京都出身。越谷南高－中央大－日本ユニシス。全日本社会人単優勝、全日本総合単 3 位などの実績を残し、2002 年には日本代表入り。2015 年よりプロのバドミントントレーナーとして、ジュニアから大学生、シニア、レディースと、幅広い層を指導する。母校・中央大のコーチを務めながら、全日本シニア単複で優勝を重ねるなど、現役選手としても活躍中。『差がつく練習法 バドミントン最新式・基礎ドリル』『マルチアングル戦術図解 バドミントンの戦い方』（ベースボール・マガジン社）などの著書がある。

バドミントン 動きの質を高める48メニュー
ホセマリ式シャトルを打つ前にやりたい大切なこと

2021 年 11 月 30 日　第 1 版第 1 刷発行

著　　　者／藤本ホセマリ

発　行　人／池田哲雄

発　行　所／株式会社ベースボール・マガジン社

　　　　　　〒 103-8482　東京都中央区日本橋浜町 2-61-9 TIE 浜町ビル

　　　　　電話　　03-5643-3930（販売部）

　　　　　　　　　03-5643-3885（出版部）

　　　　　振替口座　00180-6-46620

　　　　　https://www.bbm-japan.com/

印刷・製本／広研印刷株式会社

©Josemari Fujimoto 2021
Printed in Japan
ISBN978-4-583-11391-3 C2075